자유를 위해 투쟁한 아나키스트
이회영

자유를 위해 투쟁한 아나키스트 이회영

| **김명섭** 지음 |

세상이 혼란하고 세파의 격랑이 심할수록 사람들은 좋았던 옛 시절과 영웅호걸을 그리워한다. 이른바 고색창연한 도덕적 가치나 정감이 흐르던 마을공동체가 사라지고 높은 이념의 깃대마저 꺾인 요즈음, 어디로 가야할 지 모르는 이들은 그제서야 "역사에게 길을 묻자"는 말로 위안을 삼는다. 더구나 "내가 21세기 한국을 책임지겠노라" 목청을 높힌 사회 지도층 인사들에게서 희망을 찾을 수 없었던 이들은 '노블레스 오블리제Noblesse oblige(고귀한 신분에 따르는 도덕적 의무와 책임)'를 몸으로 보여준 존경받을 어른을 그리워한다. 그런 와중에 이회영이란 어른을 만날 수 있는 건 행운이 아닐 수 없다.

우당 이회영은 구한말 황실귀족의 한 사람으로 태어나 64세 나이에 "허리가 부러지고 단근질에 피육皮肉이 부란腐爛되는" 고문으로 죽을 때까지 일생을 독립운동에 몸바쳤다. 그가 북풍한설을 맞으며 6형제 일가 60여 명을 이끌고 서간도 일대를 개척하며 신흥무관학교를 세운 일은 월남 이상재의 말처럼, "참으로 백세청풍百世淸風이 될 것이며 우리 동포의 가장 좋은 모범"이라 할만하다. 더구나 그는 단재 신채호와 류자명·김창숙·정화암과 함께 1920~1930년대 중국 한인 독립운동의 한복판

위에 서서 투쟁했다. 그와 관련한 무수한 인맥들과 단체, 각종 계획과 사건 속에서 한국 독립운동의 흐름과 내막을 읽을 수 있는 건 어쩌면 당연한 일일 것이다.

명문대가의 특권층이며 전통 사대부였던 그가 총칼을 가슴에 품은 아나키스트로 활동했다는 사실은 우리 역사상 '거의 기적에 가까운 일' 일지 모른다. 물론 본인 스스로 작성한 문건이나 선언문·회고록, 심지어 경찰 신문조서조차 전혀 남아 있지 않은 탓에 그의 평소 신념과 사상을 내밀히 읽을 수는 없다. 하지만 오랜 세월 그의 사상적 번뇌와 실천 과정을 지켜본 가족과 제자, 동지들의 회고를 검토해 볼 때, 이회영은 누구보다 아나키즘을 정확히, 그리고 몸 속 깊이 이해하고 실천에 옮겼음을 짐작할 수 있다.

우당 이회영에게서 느껴지는 매력은 무엇보다 그가 이른바 삼한갑족의 한 사람이면서도 의병이나 만주 무장투쟁가, 공산주의자, 아나키스트 등 신분과 직업, 국적과 사상을 가리지 않고 누구나 두루 포용했던 열린 자세에 있다. 그는 스스로 황실 복고주의자에서 민족주의자로, 나아가 국제주의적 아나키스트로 생각과 활동의 폭을 넓혀 나갔다. 뿐만 아니라 그는 누구보다 젊은이들과도 허물없이 생각과 행동을 함께 하며 솔선수범했으며, '권세와 훈장도 없이' 중국·일본 동지들에게 존경받는 동아시아의 지도자였다.

또 하나 그의 인간적 매력은 아무리 어려운 상황이라 할지라도 좌절하지 않고 스스로 희망을 만들어 갔다는 점이다. 그는 만주의 혹독한 추위와 배고픔, 극도의 자금난과 민족차별 속에서도 신흥무관학교를 통해 3,500여 독립군을 길러 냈으며, 베이징-텐진 빈민가를 전전하면서도 망명객들을 사랑방에 모아 독립운동의 방략을 찾는데 주저하지 않았다. 더욱이 '국파가망國破家亡 신기로身旣老(나라와 집안이 망한 데다 몸은 이미 늙었다)'의 망국한과 극도의 가난에 시달리면서도 젊은 독립지사들에게 희망을 불어 넣어 독립운동의 새 바람을 일으켰다. 총칼과 폭탄을 품고 적진을 뛰어든 불나방 같은 항일지사들에게 자유와 평등, 동아시아 평화공동체의 미래를 꿈꾸게 한 것도 그의 남다른 희망과 대안의 사상 때문이었다.

'노블리스 오블리제의 전형'으로 일컬어지는 우당 이회영의 발자취와 사상의 흔적을 찾아 헤맸던 지난 1여 년은 내게 더없는 행복의 시간이었다. 합니하 무관학교 터에서 하룻밤을 묵으며 들었던 독립군들의 드넓은 함성 소리나 베이징 시내를 헤매이다 만난 옛 집자리와 단재의 절터, 그리고 다시 돌아올 수 없는 만주행에 오르며 부자간에 나누었을 상하이 황포강 강가의 애환 등은 지금도 그립고 애달프다. 다만 그의 크고 넓으면서도 따뜻했던 큰 삶과 꿈을 필자의 무딘 글발로 행여 누가 되지 않을까 두려울 따름이다.

이 아름답고 존경받아 마땅한 어른을 만날 수 있도록 배려해준 독립운동사연구소 식구들과 모든 격려를 아끼지 않은 우당기념관·국민문화연구소·한가람역사문화연구소 등에 재삼 감사드린다. 또 1년여의 행복한 시간을 허락해 준 강남대학 관계자들과 역사공간 주혜숙 사장, 그리고 잘 참고 격려해준 가족들에게 미안하고 감사하다. 더 열심히 공부하고 부지런히 알리는 일만이 보답하는 길이라 위안을 삼을 따름이다.

2008. 2. 20
용인 가마실에서 필자 씀.

차례

01 망국의 한복판에 선 우국지사

자유와 평등사상에 눈뜬 명문자제

우당友堂 이회영李會榮은 경주 이씨로, 1867년(고종 4) 음력 3월 17일 서울 저동苧洞(현재의 서울 명동 YMCA 건물 옆)에서 이른바 삼한갑족三韓甲族(대대로 문벌이 좋은 집안)의 한 사람으로 태어났다. 그의 가문은 10대조인 백사 이항복을 비롯해 영조 때 영의정을 지낸 이종성과 고종 때 영의정을 지낸 이유원 등 조선조에서 6명의 정승과 2명의 대제학을 배출한 대표적인 사대부 집안이었다. 부친 이유승李裕承(1835~1906) 역시 고종대에 이조판서와 의정부 참찬을 지냈으며 어머니는 이조판서를 지낸 정순조의 딸이었다. 이러한 가계도를 간략히 훑어보아도 그의 집안은 대대로 조선왕조 왕가와 긴밀했을 뿐 아니라 중앙 관직을 두루 거친 명문대가였다.

이회영은 6형제 중 넷째 아들로서, 위로는 세 형인 건영·석영·철영이 있었고, 아래로는 두 동생 시영과 호영을 두었다. 명문가의 자제로서

이회영의 생전 모습

부귀와 명예가 있었으니, 당연히 관계官界로 나아가 승승장구할 수 있는 가히 세상 부러울 게 없는 기득권층의 한 사람이라 하겠다. 더군다나 이회영은 서예와 시문은 물론, 음악과 회화·전각篆刻에 이르기까지 다재다능한 재주를 보여 만인의 부러움을 샀다.

어린 시절부터 우의를 다진 오랜 친구 이덕규는 우당의 탁월한 지절志節과 지략·간담·도량을 칭송했으며 평생 가장 가까운 곁에서 선생을 모셨던 이정규는 그의 인품을 다음과 같이 말했다.

선생은 소탈하고 극히 평민적이며, 인정이 많았다. 그리고 대인관계에서 관용과 포용력을 가진 분이었다. 그러나 그 반면에 강정强情에 가까운 고집이 있는 강한 신념의 소유자다. 그런 데서 선생이 혁명가가 되신 까닭이 아닌가 싶다.

6형제의 우애도 남달랐던 것으로 보인다. 제자인 이관직의 다음 증언이 이 사실을 짐작케 한다.

선생의 집안은 6형제로 번성한 가족이었다. 형제 모두가 화합하고 즐거워하여 그 형제간의 우애가 마치 악기를 서로 맞춰 연주하듯 즐거웠고, 산앵두나무의 만개한 꽃과 같이 화사하였으니, 온 집안이 즐거운 기운이 가득 찼고 형제간의 우애의 소문이 온 서울시내에서 으뜸이었다.

마치 악기를 서로 맞춰 연주하듯 우애가 돈독했던 6형제는 실제로

서울 명동 YMCA 옆 이회영 집터. 이항복 등 8명의 정승·대제학을 배출한 명문가답게 이 일대 6천여 평이 고택지였다. 중구청은 2008년 1월 이곳을 '명동 우당길'로 이름 붙였다.

나랏일에 정성을 다하는 넷째 이회영에게 적극 호응해주었다. 영의정 이유원의 양자로 들어간 둘째 형 석영은 부친에게 물려받은 막대한 재 산으로 한때 부유하고 호화로운 생활을 하였으나, 동생 회영이 나랏일 에 쓸 자금을 요청하면 많고 적음을 따지지 않고 제공해주었다.

후일 신흥무관학교 건립과 유지를 위해 서울 근교 양주군 일대의 엄 청난 재산을 처분하고, 이동녕에게 집과 땅을 사주는 등 만주 독립군 기 지의 생활비를 전담한 것도 그였다. 동생 시영은 두 살 터울인 형과 함 께 학문 탐구에 몰두하였을 뿐 아니라 나라의 대소사나 비밀회의도 같 이 하는 등 긴밀히 협의하였다.

이회영의 성장 과정과 학맥, 사상 형성에 관한 기록이 전혀 남아 있지 않아 그의 청년 시절을 알 수는 없다. 다만 그의 형제나 주변 인물들의 증언과 정황 자료를 근거로 추측할 따름이다. 그가 부친에게 배운 학문은 정통 유학인 성리학이었을 것이다. 그러나 그의 집안이 양명학자 이건승 집안과 세교가 돈독한 것으로 미루어, 양명학의 영향도 받았을 것으로 추측된다.

청년 이회영은 전통적 유교론자임에도 불구하고, 일찍이 불평등한 봉건적 인습이나 계급적 구속을 거부하고 개화의 물결을 선도하려 한 것으로 보인다.

그는 소년 시절부터 혁명적 소질이 풍부하여 사회 통념을 뛰어넘는 과감한 행동으로 그의 친척들과 주변 사람들을 놀라게 했다. 그는 집안에 거느리고 있던 종들을 자유민으로 풀어주기도 했고, 더 나아가 남의 집 종들에게도 높임말을 쓰는 등 파격적인 행보를 보였다. 당시의 양반들이나 판서의 집안 자제로서는 상상할 수도 없는 '당치 않은 짓'이었다. 서울 양반가에 충격을 준 사건 중에 이증복李曾馥은 다음의 일을 회상하고 있다.

한 가지 예를 들면 이조 500년 동안 부동의 철칙으로 되어 있는 인륜의 변하지 않는 도리에 커다란 혁명이 있었다. 그것은 청상과부가 된 자기 누이동생을 재가시킨 것이었다. 그 시절에 이것은 누구나 할 수 없었던 사실이었다. 평민과 달리 명문 재상가의 집안으로 감히 생각조차 할 수 없는 일이어서 많은 시비도 들었으며 여론의 비판도 높았지만, 시대의 조류에 비추어 장하고 큰 계획도 되려니와 남존여비의 인습에 여자는 언제나 남자의 소유물로 굴복하게 되는 악습을 타파하는 개혁도 되는 것이었다.

이증복, 「고종황제와 우당선생」, 『나라사랑 104호』

물론 판서의 딸을 개가시키는 것은 쉽지 않았다. 이회영은 여동생이 죽은 것처럼 거짓 장례까지 치른 후에야 재가시킬 수 있었다. 이회영이 연극을 해서 여동생을 시집보냈다는 얘기를 듣고 아버지인 대감 이유승도 빙그레 웃으며 찬탄했다.

이회영은 1908년 상동교회에서 이은숙과 재혼했다. 당시 명문가 자제가 교회에서 재혼하기까지에는 집안의 반발과 주위의 눈총이 심했을 것이다. 하지만 그가 결혼식을 올린 상동교회는 보통 교회가 아니었다. 상동교회는 구한말 개화파 독립운동의 요람이었다. 서울 남대문로에 자리잡은 상동교회는 1889년 미국 감리교 목사이자 의사였던 스크랜턴W. B. Scranton이 설립했는데 병원 선교도 겸하고 있었다.

상동교회가 독립운동의 요람이 될 수 있었던 데는 스크랜턴 목사의 후계자였던 전덕기全德基 목사의 역할이 컸다. 조실부모한 전덕기는 숙부와 함께 남대문에서 숯 장사를 하다가 스크랜턴을 만나 목회자의 길로 들어섰다. 그는 목회뿐만 아니라 이동휘와 함께 독립협회의 서무일을 맡는 등 독립운동에도 적극적이었다. 전덕기의 이런 활동은 많은 독립지사를 상동교회로 이끌어 이른바 '상동파'를 형성하게 되었는데, 이회영을 비롯해 김구·이동녕·이동휘·이준·이상설·신채호·노백린·남궁억·최남선·양기탁·주시경·이상재·이승만 등이 그들이다. 이회영은 이 상동교회 내에 상동청년학원을 설립하고 2년간 학감일을 맡아보았다. 이회영이 상동교회에서 결혼식을 올렸다는 사실은 이런 '상동파'의 핵심 역할을 맡았을 뿐 아니라 당시 그가 아련히 자유와 평등사상을 갖고 기독교에 관심을 가졌음을 알 수 있다.

청년 이회영은 삼한갑족의 기득권이나 양반의 권위의식을 일찍이 거부하며 자신이 옳다고 믿는 것은 한 치의 망설임 없이 결행하는 과감함을 보여주었다. 이회영은 종종 "이제 제왕정치의 시대는 갔고 사민 자유평등의 시대가 왔으니, 우리의 전통과 습성을 생각하며 시대의 조류에 따라서 새 나라 건설 이론을 확립하여야 한다"고 피력했다. 이는 구시대의 관념과 인습을 과감히 버려야 하지만, 새 나라 건설에 한국의 좋은 미덕과 장점을 조화롭게 살려야 한다는 뜻으로 이해된다.

이런 신념을 갖고 있었기에 일찍이 자신의 기득권을 과감히 포기할 수 있었던 것이다. 부인 이은숙은 "우당장 한 분이 옛 범절과 상하의 구별을 돌파하고, 상하존비上下尊卑들이라도 주의만 같으면 악수하고 동지로 대접했다"고 회고하고 있다. 이에 비해 다른 형제들은 상대적으로 늦게 노비를 해방시킨 것으로 보인다. 그것은 1908년경 이회영이 규룡 등 다섯 종형제를 삭발하여 학교에 입학시켰을 때 처음에는 맏형인 석영이 꾸짖었다는 대목에서 미루어 짐작할 수 있다.

당시 파격에 가까운 이러한 행보에 대해 제자 권오돈은 "우당의 머릿속에는 인간은 평등하다는 인권 사상이 자라고 있었다"면서, 그의 인격 속에 자라고 있던 평등사상은 어떤 형식적인 체계를 가진 탁상공론

이회영이 재혼한 상동교회

상동병원

이 아니라 이회영 자신의 혁명 기질이 실제 행동으로 폭발하는 것이라고 해석했다.

이회영은 청년 시절부터 벼슬이나 관직에 오르는 것을 그리 탐탁지 않게 생각했다. 그는 생전에 무슨 회會나 수많은 단체를 조직한 바 있지만, 대표자나 장長이 되어본 적이 없고 별다른 직책을 가진 것도 아니었다. 명문가의 촉망 받는 유학자이지만, 지위나 명예에 얽매이지 않으며 누구보다 자유와 평등사상을 열망했던 청년 시절 우국지사 이회영의 당시 심경을 읽을 수 있는 시구가 하나 남아 있다.

그가 30세 되던 1897년, 당시 격변하는 세계 정세를 알리는 『독립신문』의 어느 사설을 보고 가슴이 끓어올라 지은 '소년 30세 시少年卅歲詩'란 제목의 시가 그것이다.

세상에 풍운은 많이 일고
해와 달은 사람을 급히 몰아치는데
이 한 번의 젊은 나이를 어찌할 것인가,
어느새 벌써 서른 살이 되었으니.

이관직, 「우당 이회영 실기」

형 회영에 비해 동생 시영은 일찍이 관직에 나가 젊은 나이에 촉망 받는 관료로 성장하고 있었다. 이시영은 김홍집金弘集의 딸과 결혼했다가 김씨가 죽자 반남 박씨潘南朴氏와 재혼했다. 그는 1885년에 증광 생원시增廣生員試에, 1891년에 증광 문과에 합격하면서 관직 생활을 시작한다. 16세 때 동몽교관童蒙敎官으로 입사한 후 10여 년간 승진이 순조로워 홍문관 교리·승정원 부승지·궁내 참의 등을 역임했다.

1894년 나이 26세 때 청일전쟁이 일어나자, 이시영은 고종의 칙명을 받고 관전사觀戰使로 3개월간 요동반도에 파견되었다. 고종이 이시영에게 이런 명을 내린 것으로 보아 그는 상당한 국제적 식견을 가진 외교 관료로 신망 받은 것 같다. 이시영은 전황을 시찰하고 돌아와 국왕에게 그 상황을 자세히 복명하였다. 중국의 육해군이 군인 수나 장비 및 무기 면에서 일본에 비해 우세하나, 명령 계통이나 통솔이 제대로 시행되지 않았다고 개탄한 것으로 보아 그는 외교와 군사 방면에 나름의 식견과 통찰력을 지녔다고 볼 수 있다.

남산 홍엽정의 우국지사들

구한말 나라의 운명이 풍전등화에 처해 있을 당시, 이회영은 이상설과 여준, 그리고 동생 이시영 등과 의기투합하여 자주 회합했다. 이상설·여준과는 죽마고우이며, 특히 이상설은 경주 이씨로 종친이기도 했다. 나이는 1862년생인 여준이 가장 많았는데, 절재絶才로 칭송받을 정도로 학문이 높았다.

이들은 1885년부터 친구가 되었는데, 이 해 봄부터 8개월 동안 신흥사新興寺에서 합숙하면서 매일 공부할 내용을 써 붙이고 한문과 수학을 비롯해 영어와 법학 등 신학문을 공부했다. 이상설은 1894년(고종 31) 문과에 급제해 비서감 비서랑에 제수되었다. 당시 이상설은 율곡 이이

부재 이상설. 이회영이 가장 존경했던 인물로 헤이그 특사파견과 만주망명 등을 협의했다.

를 조술祖述할 학자라는 평가를 받을 정도로 성리학에도 조예가 깊었으나 성리학의 시대는 이미 지났다는 생각에 신학문을 공부했다. 또한 선교사 헐버트Hulbert에게 배운 영어와 프랑스어 구사 능력이 수준급이었고, 수학·물리·화학·경제학·국제법 등에도 정통한 재사였다.

1894년 일제는 동학농민운동의 진압을 명분으로 서울에 침입하여 경복궁을 점령하였고, 이어 명성황후를 잔혹하게 시해하는 만행을 저질렀다. 이러한 국난에 처하자, 이회영과 여준 등은 이상설의 서재에 자주 모여 구국의 길을 모색하였다. 이들은 새로운 개화시대에 요구되는 신학문을 연구하고 백성을 계몽하는 일이 급선무라 판단했다.

1898년 9월 어느날 세 사람은 서울 남산 홍엽정紅葉亭에 올랐다. 가을의 회포를 푸는 것도 잠시, 세 사람은 약속이나 한 듯 시국의 어려움을 비분강개하며 장탄식을 하였다. 이들은 고종 황제의 등극 이후 벌어진 병인양요에서부터 임오군란·갑신정변·동학농민운동과 청일전쟁, 그리고 을미사변의 참극 등을 떠올리며 계속되는 변란에 탄식했다. 그런데도 나라에 좋은 인재를 구할 수 없고, 아직도 정부와 고관대작들은 구습에 젖어 나라의 문을 닫으며, 정치가의 식견이 천박해 백성들의 생각이 무매하니 어찌 장래의 이 민족을 지킬 것인가 하며 걱정했다.

탄식 속에서도 이회영은 두 사람에게 "이러한 때에 우리 2천만 동포는 크게 깨닫고 일어나 국민의 지혜를 밝게 하고 정치는 쇄신해야 한다. 그래서 문화가 발전되고 풍기風紀가 선명해져서 독립과 자유를 완전하게 하고, 세계 열강과 나란히 서서 경쟁하게 되고 난 뒤에야 보국안민輔國安民을 기할 수 있을 것"이라고 말했다.

이회영은 장차 나라를 위한 큰일을 도모하기 위해서는 자금이 필요하다는 판단 아래 장유순張裕淳과 의논해 큰돈을 들여 목재상을 경영하고, 인삼밭을 사들여 재배하기로 하였다. 그러나 목재상 경영은 사람을 잘못 만나 자금만 횡령당해 실패했고, 개성시 풍덕豊德에 산 인삼밭은 재배 실적이 좋았으나 인삼 수확을 앞둔 1901년 11월 도둑 맞았다. 그런데 자초지종을 알고 보니 마침 인삼 도둑이 개성경찰서의 일본인 고문이었다.

게다가 이 일본인 고문은 자신의 소행이 들통나자 오히려 이회영을 불러 인삼의 무허가 재배에 대해 문책하는 얄팍한 술수를 썼다. 이에 이회영의 분노가 극에 달했다. 그는 매우 화를 내며 책상을 치고 큰 소리로 그의 잘못을 꾸짖고 법정 투쟁까지 불사했다.

이 사건은 당시 『대한매일신보』의 보도로 세상에 알려졌으며, 내장원경 이용익을 통해 고종황제에게 전해졌다. 고종은 이 일을 통쾌히 여기고 그를 즉시 탁지부 주사主事에 임명했다. 하지만 애초부터 벼슬자리에 뜻이 없었던 이회영은 주사 취임을 받아들이지 않았다. 아무튼 이 사건 탓에 운동 자금을 마련하려던 그의 첫 번째 시도는 실패했다.

명성황후 장례식 장면

구한말 남대문 거리, 멀리 명동성당이 보인다.

을사늑약을 온 몸으로 막으려

1905년 11월 어느 날, 의정부 참찬을 맡은 이상설이 이회영을 찾아와 이토 히로부미가 우리나라에 온 속 뜻을 이야기했다. 당시 러시아와 일본의 강화조약에서 러시아는 일본 측에 우리나라에서의 우월권을 인정했다. 따라서 이토 히로부미가 그 우월권을 확보하기 위해 어떤 조약을 제시할 것이 분명하다는 것이었다. 이상설은 그 조약이 우리나라에 치명적인 피해를 줄 터이니, 이를 사전에 막도록 대비책을 시급히 강구하자고 하였다.

두 사람은 일제가 을사늑약 체결을 강요하려 하자 역할을 나누어 반대운동을 펼치기로 했다. 이상설은 자신의 상관인 참정대신 한규설에게 건의하여 목숨을 걸고 조약 체결에 반대하도록 했다. 나아가 시종무관장인 민영환으로 하여금 고종황제가 이를 허락치 말도록 종용했다. 그런데 민영환은 대신회의를 총람하는 자리임에도 불구하고 일본군이 가로막아 회의에 참석하지 못했다.

이회영은 당시 외부外部의 교섭국장을 맡고 있던 동생 시영으로 하여금 조약 체결의 주무대신인 외부대신 박제순과 한규설이 반대하도록 조치하였다. 뿐만 아니라 그는 이상재·김진호 등 재야인사들과 협객으로 알려진 나인영 등 여러 사람들과 연락하며 최후의 대비책을 강구하며 바쁘게 움직였다.

그러나 많은 우국지사들과 조선 민중의 바람을 짓밟고 일제는 이른바 '을사보호조약'을 강제로 체결했다. 이토 히로부미의 지시를 받은 일

시종무관장 민영환

본군이 궁궐을 포위하고 위협을 가했다. 게다가 이완용·박제순·이지용·이근택·권중현 등 이른바 오적五賊들이 일제와 결탁되어 있었으므로 민영환과 한규설의 반대나 고종황제의 거부도 효과를 거두지 못했다. 조약이 체결되자 이상설은 모두 다섯 차례에 걸쳐 고종황제에게 조약을 인준하지 말 것을 주청했다. 그는 황제에게 사직社稷에 몸 바칠 각오로 싸울 것을 요구했다.

이상설과 동생 시영에게 자세한 전말을 전해들은 이회영은 강제로 맺어진 을사늑약이 국제법상 위약이라며 흥분했다. 그는 이토 히로부미가 고종황제에게 조약문에 날인할 것을 주청했으나 폐하께서 굳이 고집하시며 허락하지 않으셨고, 다시 정부회의에서 참정대신 한규설에게 날인을 요청했으나 역시 거절했으며, 외부대신 박제순이 날인했다는 것도 명백하지 않다. 그러니 이는 거짓 조약이어서 국제법상 공인될 수 없는 것이라 주장했다.

을사늑약이 강제로 체결되자, 위암 장지연과 석농 유근이 『황성신문』에 '시일야방성대곡是日也放聲大哭'이라는 제목의 사설을 기고해 온 백성들의 분노를 대변했다. 이어 민영환이 스스로 칼로 목숨을 끊었고, 원로대신인 조병세가 음독 자결했다.

이회영 역시 이상설·이동녕과 종로에 나가 머리를 땅에 대고 길게 통곡했다. 그는 이상재와 함께 학생과 군중을 종로거리에 모아 온 백성이 모두 일어서야 한다고 열변을 토했다. 백성들은 뜨겁게 환호했지만 그것으로 왕조의 몰락을 막을 수는 없었다. 이회영은 협객인 나인영과 기산도 등에게 자금을 주어 을사오적을 암살하려 했으나 계획은 실패로 돌아갔다.

이에 이회영은 여러 형제들과 한자리에 모여 시국을 의논했다. 당시 외부 교섭국장으로 있던 동생 시영에게 벼슬에서 물러나 구국의 길에 나서라고 권고했다. 이에 시영은 자신의 미력함을 통분하면서 사직했다. 또한 조약 체결 며칠 전에 이회영의 조카와 외부대신 박제순의 딸이 약혼했었는데, 매국노와 사돈을 맺을 수 없다면서 즉각 파혼하고 절교했다.

형의 말에 따라 사직했던 이시영은 고종황제가 다시 평안도 관찰사를 맡기자 고민했다. 그는 당장 관직을 그만두는 게 능사가 아니라, 이후 광복운동을 위해서는 나름의 준비와 정보력을 갖춰야 한다고 생각했다. 벼슬에 연연해서가 아니라, 관계에 있으면서 나름의 고급 정보를 얻을 수 있고 특히 고종황제와의 비밀연락망을 활용하려 한 것이다. 이시영은 이후 국내외에서 활동하고 있는 여러 인사들의 활동 소식을 고종황제에게 보고하고, 신민회와 같은 비밀결사를 조직하는 데 일조했다. 형제가 나름대로 역할을 분담한 것도 이런 판단에서 나온 것이었다.

헤이그 밀사 파견의 숨은 주역

을사늑약 이후 전국 각지에 일제 침략에 항거하는 비밀결사가 많이 조직되었다. 그 가운데 이회영과 이동녕은 1904년부터 상동교회와 상동청년학원에서 함께 일해왔던 동지들을 규합하여 비밀단체를 구상하고 있었다. 이들은 일제 통감부가 설치되기 시작되자, 항일운동의 거점을 국외로 옮기기로 하였다. 1906년 초 이상설·이동녕·여준·장유순 등이 이회영의 집에 모여 국외에 독립운동 기지를 건설해야 한다고 협의했다. 이들은 만주를 중심으로 독립운동을 벌이기로 하고, 우리 민족이 많이 이주해 간 서간도 일대 가운데 용정촌龍井村을 주목했다. 우리 동포가 많아 교육시킬 여건이 좋고, 국내와는 물론 러시아나 연해주도 가까워 외교나 왕래가 비교적 쉬웠기 때문이다. 국외 독립운동 기지 건설의 책임은 이상설이 맡았다.

이상설은 비밀을 유지하기 위해 모임에 참석했던 동지들 이외에는 아무에게도 알리지 않고 간단히 행장을 꾸려 길을 떠났다. 이회영은 도성 모퉁이에서 기약 없는 망명길에 오르는 이상설을 전송했다. 이회영의 눈에는 눈물이 고여 있었지만 이상설은 웃는 얼굴로 작별했다.

이상설은 인천에서 중국 상선을 타고 상하이에 머물다가 러시아의 블라디보스토크를 경유하여 용정촌에 도착했다. 이동녕과 여준이 그의 뒤를 따라 북간도로 갔는데, 이들은 1906년 8월경 용정에 항일 민족교육의 요람인 서전서숙을 건립했다. 이상설이 바로 이 학교의 교장이 되었다. 1906년 10월, 국외 민족운동 기지의 효시인 서전서숙은 이렇게

용정촌의 힌인 거리. 이회영과 이상설·이동녕·여순 등은 이곳을 항일운동 기지로 삼기 위해 1906년 서전서숙을 세웠다.

용정에서 문을 열었다.

　서전서숙은 신학문을 보급하고 철저한 민족교육을 일관하는 등 독립군 양성소 역할을 담당했다. 비록 이상설과 이동녕·정순만 등이 헤이그 밀사로 블라디보스토크로 떠나는 바람에 자금난과 일제의 간섭을 못이겨 1907년 10월경 문을 닫고 말았지만, 짧은 기간에 적지 않은 인재를 키워냈다. 그리고 서전서숙의 영향으로 이 일대에 명동학교와 광성학교, 창동 및 북일학교 등이 잇달아 세워지면서 북간도 일대의 민족교육운동에 큰 역할을 했다는 사실도 높이 평가해야 할 것이다.

　이회영은 이동녕 등과 전국 규모의 비밀결사인 신민회를 결성하기

전에 중요한 일을 기획했는데, 그것이 바로 헤이그 특사 파견이다. 네덜란드 헤이그에서 열린 만국평화회의에 이상설과 이위종·이준을 특사로 파견한 이 사건의 배후에 이회영이 있었다. 어떤 경로로 이상설 등이 헤이그에 파견되었는지는 그동안 미궁 속에 빠져 있었는데, 누구보다 이 사실을 잘 알 수 있던 이시영이 고종의 서명과 옥새가 찍힌 친서를 이회영과 전덕기, 그리고 전덕기의 처 이종사촌이 되는 김상궁을 통해 이상설에게 전달했다.

이회영은 만국평화회의 개최 소식을 듣고 일본 통감부와 친일 세력의 감시를 피해 안호영이라는 궁중 내시를 통해 고종황제에게 회의사절을 특파할 것을 주청했다. 대표로는 만주용정에서 독립군을 양성하고 있던 이상설과 이준을 추천했다. 그리하여 고종황제는 조카 조남승을 통해 내탕금과 신임장을 헐버트 박사에게 주었고, 헐버트는 이를 다시 이회영에게 전하여 이상설에게 건네주도록 한 것이다.

이회영이 추천한 정사전 의정부 참찬 이상설, 부사전 평리원검사 이준과 주러시아 한국공사관 참서관 이위종 등 3인으로 구성된 한국 대표단은 1907년 6월 헤이그에 도착해 시내의 융Jong 호텔에 숙소를 정하고 태극기를 게양한 다음 활동을 시작했다. 이들은 의장인 러시아 대표 넬리도프Nelidof 백작과 개최국인 네덜란드의 외무대신 후온데스는 물론 미국·프랑스·중국·독일 등 각국 대표를 방문하여 도움을 청했으나 모두 실패하고 말았다.

세 특사는 이에 굴하지 않고 영국의 언론인 스테드Stead, Y.T가 주관한 각국 신문기자단의 국제협회에서 연설할 기회를 얻었다. 그 결과 즉석

헤이그 특사 3인. 네덜란드에서 열린 만국평화회의에 한국의 독립문제를 국제화하려던 특사파견은
이회영과 전덕기의 기획에서 비롯되었다.

에서 한국의 처지를 동정하는 결의안을 끌어낼 수 있었다. 그러나 만국
평화회의를 이용해 외교권을 되찾으려던 이들의 노력은 제국주의자들
의 야심에 가로막혀 실패했다.

오히려 헤이그 특사 파견은 고종의 지위를 더욱 위태롭게 했다. 일제
는 이 사건을 빌미로 고종황제를 강제로 물러나게 하고 순종을 등극시
켰다. 이에 분개한 군중들이 각처에서 일제 군경과 충돌하고, 새로 참정
대신이 된 이완용의 집을 방화하는 등 민중의 저항이 높아갔다.

이회영이 헤이그 밀사 파견 사건에 깊이 관여했다는 사실은 그가
1932년 11월 일제의 고문으로 치사했을 때, 신문에 실린 그의 약력에

1907년 한국군대 강제해산에 항거해 자결한 한국군 참영 박성환.

서도 알 수 있다. '우당 노인의 약력' 가운데는 "헤이그 밀사 음모, 상동예배당 중심 크럽을 안태국·이동녕·전덕기와 조직"이라는 항목도 적혀 있었다. 그가 누구보다 이 사건에 깊이 관여했음을 알 수 있게 하는 대목이다.

1907년 7월 일제는 헤이그 특사 사건을 빌미로 고종을 강제 퇴위시키고 이어 8월에 한국군대를 강제로 해산시켰다. 한국군 참령 박성환이 이에 분노해 자결하자, 제1연대 제1대대와 제2연대 제1대대가 궐기하여 일본군과 교전을 벌였다. 당시 이회영은 일본군과 교전을 벌이다 장렬히 전사한 시위대의 모습을 직접 목격했다. 그는 현장에서 받은 감동을 '시위대 장병을 애도하며'란 제목의 오언절구로 남겼다.

장사가 머리에 총을 쏘아 피 흘리니,
꽃다운 이름 민공(민영환)과 함께하리다.
전군이 모두 죽음을 달게 받았으니,
뜨거운 충의 영원히 전해지리라.

이정규·이관직, 『友堂 李會榮 略傳』

그러나 시위대의 봉기는 일본군에 의해 강제 진압되었고, 조선 각지
는 일제와 전면전을 치르는 의병전쟁에 휩싸였다.

02 신민회를 통한 구국운동

전국 비밀결사 신민회의 조직

1907년 4월 이회영과 이동녕은 양기탁·전덕기 등과 함께 비밀리에 신민회를 조직해 네 사람이 상동교회 지하실에서 처음으로 회합하여 협의했다. 항상 네 사람만 회합했기 때문에 회원 동지 5, 6명 외에는 달리 아는 이가 없었다.

신민회는 비밀 행동을 위해 회원을 매우 신중히 선정했기에 회원 수가 많지 않았다고 하는데, 이후 회원으로 가입한 지사들은 이동휘와 김구·이갑·여준·김진호·김형선·이관직 등이다. 신민회 규약은 다음과 같다.

1. 회원은 조국 정신을 굳게 지키고 조국 광복에 헌신하여 충성을 다 할 것.
2. 회원은 조국을 위했던 선현선열先賢先烈을 반드시 계술繼述할 것.

양기탁과 이갑. 1907년 이회영과 양기탁 · 전덕기 · 이동녕 등이 조직한 신민회는 1911년 105인사건으로 와해될 때까지 국내외 항일운동을 비밀리에 지도하는 전국 규모의 결사조직이었다.

3. 회원이 만일 본회를 배반하였을 때는 어느 때든지 그 생명을 빼앗길 줄 알 것.

4. 회원은 본회의 비밀을 엄수할 것이며 만일 탄로났을 때는 해당자는 혀를 깨물고 말하지 말 것.

5. 회원은 달고 쓴 생활과 힘들고 편한 활동을 다른 회원들과 함께 할 것.

신민회는 항일사상을 널리 선전하기 위해 『대한매일신보』를 기관지로 정하여 일본의 만행과 매국노 친일파들의 죄상을 폭로하였다. 이회영은 항일지사의 양성을 위해 상동교회 안에 청년학원을 설립하여 학감을 맡았다. 학교 교사로는 전덕기 · 김진호 · 이용태 · 이동녕 등이었으며 모두 신민회에 가입했다. 이어 이회영은 이동녕과 안창호·이승훈·박 승봉 등 여러 동지들과 논의하여 김사설을 평양 대성학교에, 이강연을 정주의 오산학교에, 이관직을 안동 협동학교로, 여준을 상동청년학원에 각각 파견하기로 했다. 이처럼 전덕기가 있던 상동교회와 상동청년학원 은 신민회 간부들의 비밀회합 장소이면서 전국 규모의 항일운동 지도부 역할을 했다.

이회영은 또 대한제국 장교였던 이관직과 김형선·윤태훈 등과 만나 만주에서의 독립군 양성문제를 깊이 논의했다. 그는 세 사람에게 이렇 게 말했다.

우리가 멀지 않은 장래에 만주 지방에서 독립군을 양성해야겠으니, 세 분 동지는 이에 뜻을 같이하여 한국의 해산된 군인들 가운데서 애국자들 을 만주로 많이 건너가도록 권해줄 것을 미리 부탁한다.

세 사람은 모두 이회영의 뜻에 순응했다. 흥미로운 사실은 이 무렵 이회영은 의병장이던 성재구·이기영 등의 동지를 앞세워 지방 의병 부 대와 연락을 취하고 있었다는 것이다. 그는 의병활동에 필요한 많은 경 비를 대느라 무수한 고초를 겪었다고 하는데, 이른바 귀족이나 부호로 불리는 사람들을 찾아가 회유하거나 때론 협박을 하여 자금을 만들기도 했다. 나아가 지방 부호들을 움직이려면 고종황제의 밀지를 받는 것이 중요하다는 생각에 궁중과 꾸준히 연락을 취하기도 했다.

그러나 일제는 정보기관을 총동원해 신민회의 비밀 항일운동을 철저히 통제했다. 또한 『대한매일신보』 사장 베델Bethell을 소송·재판하여 감금 3개월에 처한 후 상하이로 쫓아버렸다. 사장이 바뀌고 얼마 후 양기탁도 해외로 망명하면서 『대한매일신보』는 일제의 기관지로 변모한다. 더군다나 신민회는 비밀결사였기 때문에 회원의 입회를 엄중히 가려서 그 수가 많지 않았다. 이에 국외로 나가는 사람은 많고 새로 입회하는 사람이 없어 자연히 폐회되고 말았다.

신민회의 활동이 점차 무력화되자 이회영은 1908년 여름, 자신이 직접 움직이기로 결심하고 비밀리에 블라디보스토크로 건너가 이상설을 만났다. 당시 이상설은 블라디보스토크에서 이승희 등과 항카호 남쪽 봉밀산蜂密山 부근의 땅 45방方을 사서 100여 가구의 교포를 이주시키고 독립운동 기지인 한흥동韓興洞을 건설했다. 한흥동은 글자 그대로 '한민족이 부흥하는 곳'이란 뜻이었다. 이국 만리타향으로 이회영이 찾아왔으니, 이상설의 반가움은 말로 표현할 수 없었다. 이상설은 그동안 세계를 돌며 보고 들은 국제 정세를 이회영에게 전해주었다.

당시 러시아는 시베리아 철도에 복선을 부설하고, 무기를 서둘러 제조하고 있었다. 또한 만주와 몽골 국경에 많은 군대를 배치하였는데, 이는 모두 일본에 대한 전쟁 준비때문이었다. 미국은 일본 세력이 강성해져 자기들의 동양 진출에 장애가 되자 일본을 좌절시키려 했고, 중국 또한 왜적을 원수 보듯 했다.

이상설은 중국과 미국, 러시아가 일본의 북진을 경계하고 있으므로 곧 동양에 큰 전쟁이 일어날 수 있으니 일본과의 대전에 맞추어 그동안 양성한 국내외의 독립군으로 호응하여 조국 광복을 기하자고 주장했다.

두 사람은 토의 끝에 네 가지 운동 방침을 정했다.

1. 지사들을 규합하여 국민 교육을 장려할 것
2. 만주에서 광복군을 양성할 것
3. 비밀결사체를 조직할 것
4. 운동 자금을 준비할 것

이회영은 귀국 후 계획을 곧바로 실천에 옮기기 시작했다. 제국주의 열강의 침탈이 횡행하는 시대에 국제 여론이나 동정심에 호소하는 방안으로는 독립에 전혀 효과가 없다는 사실을 깨달은 그는 만주에서 독립군을 양성하는 일에 전력을 기울이기로 결심했다.

만주 독립군 기지 건설을 결심하다

채근식은 『무장독립운동비사』에서 이렇게 적고 있다.

1909년 봄에 서울 양기탁의 집에서 신민회 간부의 비밀회의가 열렸으니……이 회의에서 결정한 안건은 독립기지 건설건과 군관학교 설치건이었다.……그리하여 동년 여름에 간부 이회영, 이동녕, 주진수, 장유순 등을 파견하여 독립운동에 적당한 지점을 매수케 하였다.

이처럼 신민회는 만주로의 집단 망명과 독립기지 건설을 결정하고 직접 행동에 옮기기 시작했다. 이 계획에 따라 남만주에는 1909년 10월경 최명식이 답사를 마쳤다.

이회영은 만주로 떠나기 전에 서울 시내에서 큰 동란을 일으키기로 동지들과 모의하고 성재구와 이기영 등 의병 관련 동지들을 통해 지방 의병단 중 장사들을 특별히 모집하도록 요청했다. 이들은 자금이 입수되는 대로 일정한 날에 서울 부근에 집합하여 거사하기로 약속한 것이다. 그러나 이 계획도 그해 8월 29일 일제가 한일강제합병이라는 마지막 수단을 동원하는 바람에 성사되지 못했다.

이회영은 이제 삼천리강토가 일제 총칼에 유린된 상황에서 더 이상 국내에 남아 있을 수 없었다. 서울을 떠나기로 마음 먹은 후 그는 남산을 굽어보면서 동지들에게 말했다.

삼천리 기름진 강토는 도둑의 이빨에 씹혀 삼킨 바가 되었고, 반만 년의 신성한 한민족은 검은 잠방이(가랑이가 무릎까지 내려오는 짧은 홑바지)의 야만족에게 노예가 되었으니 이는 천추만세에 치욕이요, 분한憤恨이다. 우리 2천만 동포는 총궐기하여 마지막 한 사람까지 왜적에 분투하여 조국을 되찾아야 한다.

그는 동지들에게 1910년 겨울 안으로 만주를 시찰하고 돌아와 일을 결정하겠다고 말했다. 그러고는 8월 어느 날 이동녕·장유순과 함께 소년 이관직을 대동하여 상인으로 가장하고 떠났다. 이들은 상인들처럼 물건을 어깨에 메고 일본 군경의 감시망을 돌파하여 초산진楚山鎭으로 가 어둠을 틈타 압록강을 건넜다.

　일행은 안동현에서 500리 되는 횡도천橫道村에 도착해 임시 거처를
마련하고 이동녕의 친족을 미리 안착시켰다. 그 식구에게 앞으로 올 많
은 동지들의 편의를 제공해줄 것을 부탁하고 양곡과 김치도 미리 여러
독 준비하게 하는 치밀함도 보였다. 일행은 주위 산하를 세밀히 정찰한
다음, 국내로 무사히 돌아왔다.

　그러나 만주 이주를 위해서는 막대한 운동 자금이 필요했다. 이회영
은 모든 가산을 정리하기로 결심하고 형제들을 설득하기 시작했다. 다
음은 1910년 어느 가을날, 이회영이 6형제를 한자리에 모아놓고 나라
를 떠날 계획을 통절히 설명한 내용이다.

　슬픈 일이외다. 세상 사람들이 우리 가족에 대하여 말하기를, 대한공신
의 후예서 국은과 세덕世德이 일세에 관冠하였다고 일컫고 있소이다.
그러므로 우리 6형제는 국가로부터 동휴척同休戚할(함께 괴로워 할) 지위에
있습니다. 이제 한일합방의 괴변을 당하여 반도 산하의 판도가 왜적에
속했습니다. 우리 형제가 당당 명족名族으로 대의소재大義所在에 영사寧死
(차라리 죽을)일지언정 왜적 치하에서 노예가 되어 생명을 구도苟圖하면 어
찌 금수와 다르리오. 이때에 우리 형제는 당연히 생사를 막론하고, 처자
노유를 인솔하고 중국으로 망명하여 차라리 중국인이 되는 것이 좋을까
하오이다. 또 나는 동지들과 상의하고 근역槿域에서 운동하던 제사諸事를
만주로 옮겨 실천코자 합니다. 만일 다른 해에 행운이 닥쳐와 왜적을 파
멸하고 조국을 광복하면, 이것이 대한 민족된 신분이요, 또 왜적과 혈투

이회영 형제의 망명 준비 회의 모습

하시던 이항복 공의 후손된 도리로 생각합니다. 원컨대 백중계(伯仲系) 모
두는 이 뜻을 좇으시지요.

「생사막론하고 혈투」, 『나라사랑 104호-우당 이회영 선생 특집호』

그의 한마디 한마디가 매우 비장해 듣는 모든 형제들이 그의 제안을
쾌히 수락했다. 이렇게 하여 이회영 일가는 가산과 전답을 모두 팔아
나라를 떠나 새로운 독립운동 기지를 만들기 위해 대장도에 오르게 되

었다.

강제 합방 이후 친일파의 기세가 등등하고 살기가 날카로웠던 시절, 6형제가 비밀리에 망명 준비를 하려 하니, 어려운 일이 한두 가지가 아니었다. 적지 않은 가산이라 서둘러 헐값에 처분하는 데도 근 한달이나 걸렸다. 서울의 집도 육당 최남선에게 팔았다. 이회영은 집과 함께 집안에 내려오던 수많은 고서들도 그에게 주었다.

여러 우여곡절 끝에 이회영 일가는 약 40만 냥의 거금을 마련했다. 지금의 쌀값으로 환산해 따져보면 수백억 원에 이르는 거금이었다. 이회영은 마흔넷의 나이에 아랑곳하지 않고 한겨울, 찬 바람 부는 대륙으로 떠났다. 형 건영, 석영, 철영과 두 동생 시영, 호영 가족까지 포함된 온 가족의 집단 망명이었다. 이상재는 이들의 집단 이주 소식을 듣고 이렇게 평했다.

동서 역사상 나라가 망한 때 나라를 떠난 충신 의사가 수백, 수천에 그치지 않는다. 그러나 우당 일가족처럼 6형제 일가족 40여 명이 한마음으로 결의하고 나라를 떠난 일은 전무후무한 것이다. 장하다! 우당의 형제는

석주 이상룡. 안동 유림의 대가인 그도 1911년 3월 서간도 삼원포로 망명하여 경학사를 설립하였다.

참으로 그 형에 그 동생이라 할 만하다. 6형제의 절의는 참으로 백세청풍
百世淸風이 될 것이니 우리 동포의 가장 좋은 모범이 되리라.

이들의 만주행 앞에는 헤아리기 어려운 운명이 기다리고 있었다. 이
무렵 만주로 망명한 이상룡이 남긴 시는 흡사 이회영의 심정을 대변하
는 듯하다.

이미 내 땅과 집 빼앗아 가고,
다시 내 아내와 자식 해치려 하네.
이 머리는 차라리 자를 수 있지만,
이 무릎을 끓어 종이 될 수는 없도다.

03 6형제의 만주 망명

1910년 12월, 이회영 일가 60여 명은 만주 대륙을 향해 국경을 넘었다. 자금 마련은 둘째 형 석영의 도움이 무엇보다 컸다. 신민회에서 갹출하기로 한 자금이 105인사건으로 거두어지지 못했기 때문에 이석영의 재산이 독립군 기지 건설에 절대 비중을 차지하게 되었다. 이석영이 만여 석 재산과 토지를 모두 방매한 것을 비롯해 형제들이 재산을 처리한 후 이회영 6형제 가족과 권속 등 60명은 12월에 남대문, 용산, 장단 등에서 6~7대의 차를 나누어 탔다.

이은숙은 당시 국경을 넘어 만주로 가는 광경을 생생히 전한다.

팔도에 있는 동지들에게 연락하여 1차로 가는 분들을 차례차례 보냈다. 신의주에 연락기관을 정하여, 타인 보기에는 주막으로 행인에게 밥도 팔고 술도 팔았다. 우리 동지들은 서울서 오전 여덟 시에 떠나서 오후 아홉

시에 신의주에 도착, 그 집에 몇 시간 머물다가 압록강을 건넜다. 국경이라 경찰의 경비가 철통같이 엄숙했지만, 새벽 세 시쯤은 안심하는 때다. 중국 노동자가 얼어붙은 강에서 사람을 태워가는 썰매를 타면 약 두 시간 만에 안동현에 도착했다. 그러면 이동녕 씨의 매부인 이선구 씨가 마중 나와 처소로 간다.

당시 이선구가 운영하는 신의주 주막은 신민회의 비밀 연락처로서 회원들과 전국에서 온 독립운동자들을 해외로 이주시키는 곳이었다. 안동현에는 이미 이회영이 유숙할 방을 여러 군데 정해놓았기 때문에 국경만 넘으면 준비한 집으로 갈 수 있었다.

이회영 식구는 맨 마지막으로 출발했는데, 그가 며칠 후 온다고 하여 부인 이은숙이 아이를 데리고 떠났다. 새벽에 안동현에 도착하니 맏형 이영석이 그녀를 눈물로 맞았다. 일제의 압박과 감시로부터 벗어난 것만으로도 이들은 기쁨에 차 있었고, 장차 앞길의 희망에 부풀어 있었다. 하지만 아직도 갈 길이 멀었다.

이회영 일가는 가장 추울 때인 12월 30일 압록강을 건넜다. 이들 일행은 1월 초순 안동을 떠나 7, 8일 만에 환인현 황따오촌黃道村에 도착하여 얼마를 머문 후 다시 출발했다. 노소 가릴 것 없이 영하 20~30도의 추위 속에서도 새벽 네 시부터 북으로 북으로 달렸다. 여자들은 마차 안에 태우고 남자들은 스스로 말을 몰아 길을 재촉했다. 이곳이 이들의 최종 목적지가 아니었기 때문이다.

횡도천을 떠나 500~600리나 되는 유하현 삼원보三源堡로 향했고 최종 목적지인 추가가鄒家街에 도착했다. 이때가 이미 2월 초순이니, 서울을 떠난 지 꼭 한 달여 만에 대장정을 마친 것이다.

삼원포 추가가에 모인 독립지사들

삼원보는 현재 삼원포三源浦라고 부르는데, 작은 강물 세 줄기가 합쳐 흐른다 해서 이름이 붙었다. 이회영 일가는 삼원보에서 서쪽으로 3~4킬로미터 떨어진 추가가에 새로운 둥지를 틀기로 했다. 삼원포에서 15킬로미터 떨어진 5도구는 1895년 김형진과 김구가 두 번 답사하여 보고한 바 있고, 의병장 유인석이 '부흥기지'를 구상하며 머물던 곳이다.

이회영과 이동녕 일행은 1910년 8월 서간도 답사 때 이곳 이주민들에게서 정보를 듣고 직접 답사한 다음, 무관학교 설립의 적지로 점찍은 것이다. 삼원포 일대가 독립운동 기지 건설지가 된 것은 그곳이 옛 고구려의 중심지였다는 점 이외에도 지리적인 여건이 크게 작용한 것으로 보인다. 삼원포는 통화현에서 47킬로미터 정도 떨어져 있고 유하현까지도 비슷한 거리이다. 교통이 아주 나쁘다고 말할 수 없고 통화에서 오는 길은 산지가 많고 평야가 적어 다소 산속 깊숙이 들어간다는 인상을 주었다. 게다가 추가가 뒤에는 소고산小孤山과 꽤 멀리서도 눈에 띄는 대고산大孤山이 있고, 그 뒤에도 산이 연이어 펼쳐 있어 유사시 피신하기에 좋은 지형이다. 또한 비교적 넓은 들이 펼쳐 있으니 장차 군사훈련과 농사일을 함께 할 수 있는 병농체제兵農體制를 갖추기에 유리한 조건이었다. 바로 이러한 점 때문에 이회영은 이곳 추가가 일대를 첫 군사기지

경학사 터인 유하현 추가가 일대. 큰산을 뒤로 넓은 들이 펼쳐져 있어 군사훈련과 농사일을 함께 할 수 있어 이회영 일행이 첫 둥지를 튼 곳이다.

건설자리로 꼽게 된 것이다.

추가가는 추지가鄒之街라고도 불리는데, 추씨 성을 쓰는 중국인들이 여러 대에 걸쳐 살았기 때문에 그리 불렸다. 이회영 일가는 이곳에서 세 칸 방을 얻어 두 집 권속이 머물렀다. 추가가는 농사라고는 강냉이와 좁쌀, 두태를 짓는 것뿐이었다. 쌀은 2~3백 리나 떨어진 곳에서 사와야 했는데, 제사 때나 쌀밥을 지었다. 쌀이 귀한 곳이라 그곳 아이들이 이름 짓기를 '좋다밥'이라 했다.

이회영 일가가 만주 독립운동 기지를 건설하기 위해 떠났다는 소식이 알려지자, 신민회 간부나 의병활동자 등 많은 독립운동가들도 삼원포 일대로 이주해 합류했다. 안동 혁심유림의 거두인 이상룡과 김대락·

황호·김동삼 일가 등이 대표적이다. 그들은 1911년 1월부터 3월까지 압록강을 건너 삼원포 추가가에 도착하니, 그 일대는 곧 한인촌처럼 변했다.

그러자 현지 중국인들이 한인의 집단 이주 동기를 극히 의심했다. 추씨들은 한인들의 뒤를 따라 일본군들이 들어올지도 모른다고 여긴 것이다. 급기야 추가네 어른인 순경巡警 위 지서장이 유하현에 고발하기에 이르렀다.

> 이왕에는 조선인이 왔어도 남부여대로 산전박토나 일구어 감자나 심어 연명하면서 근근이 부지하였다. 그런데 이번에 오는 조선인은 살림 차가 수십 대씩 짐차로 군기軍器를 얼마씩 실어오니, 필경 일본과 합하여 우리 중국을 치려고 온 게 분명하니, 빨리 고려인을 몰아내주시오⋯⋯.
>
> 이은숙, 『민족운동가 아내의 수기』

추씨들은 회의를 열어 한인들에게 토지나 가옥의 매매를 일체 거부하고, 한인들의 가옥 건축이나 학교 시설도 금지하며, 한인과의 교제까지도 금지한다고 결의했다. 이 때문인지 중국 군경 수백여 명이 이회영의 숙소를 급습해 조사하기도 했다.

이회영이 필담으로 일제의 첩자가 아니라 독립운동을 하러 왔음을 알린 후에야 이들이 물러갔고 그 뒤에 동네사람들이 동정했지만, 이후에도 가옥과 전답을 살 수 없어 어려움은 계속되었다. 같은 시기에 통화현과 유하현에서는 구한국 교민[韓僑]을 축출한다는 고시문까지 붙었다. 중국의 실정법에 따라 중국인으로 귀화하지 않으면, 즉 입적하지 않으면 안 되었는데 그 조차 쉽지 않았다. 그렇다고 좌절만 하고 있을 순 없었다. 이에 이회영 일행은 토지매매 허가를 얻기 위해 정부 당국과 교섭에 나섰다.

첫 만주 항일운동 단체, 경학사

1911년 어렵게 서간도 일대에 독립운동 기지 건설의 첫 삽을 뜨게 된 항일지사들이 가장 먼저 시작한 사업은 경학사와 신흥강습소 설립이다. 경학사는 만주 일대 한국인 혁명결사의 개시이며, 동북 한국혁명운동의 효시로 평가받는다. 이는 1909년 미주에서 조직된 국민회나 연해주의 권업회, 북간도의 간민회 등과 같이 이주 한인들의 단결과 자치를 꾀하고자 하는 뜻으로 조직된 것이다.

이회영과 이동녕, 이상룡 등은 1911년 음력 4월경 삼원포 추가가 대고산 아래에서 300여 명의 이주 한인들을 모아 노천 군중대회를 열었다. 이동녕을 임시 의장으로 추대한 이 대회에서 참가자들은 이주 동포들의 안착과 농업 생산을 지도하는 기관으로 경학사耕學社를 조직했다.

경학사는 일제가 신민회 사건 판결문에서 "서간도에 단체적 이주를 기도하고 ……민단을 일으키고 학교 및 교회를 설립하고 나아가 무관학교를 설립하고 교육을 실시해 기회를 타서 독립전쟁을 일으켜서 구한국의 국권을 회복하고자 한다"고 적시한 것처럼 신민회의 국외 독립운동 기지 건설 방침에 따라 이회영·이동녕·이상룡 등이 결사한 조직이

경학사 취지문

었다.

경학사는 '경학사 취지문'을 통해 무장투쟁으로 독립을 쟁취하겠다는 의지를 널리 천명했다. 취지서에서 이들은 칼로 자결하거나 곡기穀氣를 끊고 죽는 것으로 독립을 이룰 수 없다고 하면서, 독립을 쟁취할 힘을 길러 때를 기다려야 한다고 역설하였다. 그리고 만주 땅이 결코 남의 땅이 아니라 옛 조상들이 일군 고토이니, 이곳에서 사람들의 열성으로 희망을 양식으로 삼아 먹지 않은 밥에 스스로 배부르고 곤란을 초석으로 삼아 여기 집 없는 집을 지어 경학사를 조직했다고 설명하였다. 설립자들은 자신들의 무리를 잘 보전하는 것이 한민족 백성을 보전하는 것

耕學社趣旨書。辛亥

嗚呼可愛哉韓國可哀哉韓民歷史四千年禮義
制度之全備骨腿地三千里動植礦産之先饒吾父
吾祖之腦血所流吾子吾孫之命脉攸繫之
密切敢字孰之忽諫粉骨糜身吾所不讓壓頂攵踵之
子亦甘心夫何百年醉眠之濃適值五洋風潮之澎砲
當凡兩日溫屋角而我則無聞鐵艦電車交地門外
而我則無見畢竟倉卒之間猛虎振牙後飢鷹磨牙
仇忧前易傲者文明簧虛之政府難近者時勢頑
設無魂學堂假使一種奸類不作恨鬼其奈無敎頑
黨動輒載魔野媿人之皺綺羅徒增其醜豁壞之起瑤
關只促其傾平等自由及做殺人之毒藥商務工藝
還爲破家之先鋒枕是內滑消客火殉滅自主之
號如夢暫來外交之權隨俛去約勤主權如
弄小兒軍部壞但餘乃坐拱護手辦送金甌
嗚呼可哀哉韓民可愛哉韓國無土可食無國可生
吾身且△何山可薜吾視且長何屋可居不見埃及
民乎枯口中之食而不足以償債不讀越南史乎賣
頭上之天而不足以資生毋曰我不知我忘我公産
彼安得不傑毋曰我無罪我兼我失職彼安得不窺
寧安得不自裁寧欲絕粒而餓死不忍
賣國賣名其將萬淚而受斃夫之恥辱蓋亦蒿力
而省終焉之結果也逐作萬事無奈之地更勵百折
不回之志半夜鐘聲忽落枕上一條血路旅在面前夫
餘爲疆連於嫩江地非異域句農遺狹聚於渤海人

이며, 경학사를 사랑하는 것이 우리나라를 사랑하는 것이니 모두 경학사를 중심으로 모이자고 호소했다.

또한 군중대회에서 채택한 결의문에 따르면, 경학사는 누구나 농사를 짓는 '개농주의皆農主義'와 낮에는 일하고 밤에는 공부하는 '주경야독'을 표방하였다. 나아가 "기성 군인과 군관을 재훈련하여 기간장교로 삼고 애국 청년을 수용하여 국가의 동량인재를 육성한다"는 내용도 들어 있어 군사훈련을 통한 독립군 양성의 목적을 뚜렷이 하였다.

경학사 사장에는 이상룡(혹은 이철영)이 추대되었으며 내무부장에 이회영, 농무부장에 장유순, 재무부장에 이동녕, 교무부장에 유인식이 선출되었다. 지금껏 별다른 직책을 갖지 않은 채 대개 뒤에서 일을 도모하며 자신을 드러내지 않았던 이회영이 내무부장을 맡은 것은 그만큼 경학사에서 중요한 위치를 차지한 것이고, 이후에도 그러한 역할을 해야 했기 때문이다. 이후 경학사는 이주민들의 단결을 도모하고 통제할 필요가 있어서 민호를 배정하고 구획을 정해서 자치제를 실시하는 데 긴밀히 관여했다.

나아가 경학사는 결의문에 주경야독을 표방한 바대로 밤에 지역 주민들의 교육을 맡았다. 의병들과 함께 이곳에 찾아와 무관학교 생도가 되었다는 전성집의 손녀 권영신 여사가 전하는 '이 판서댁과 나의 외조부 그리고 부친'이란 글에서 "일자무식인 부친은 외조부의 권유에 못 이겨 경학사에서 연필에 침을 묻혀가며 가나다라와 1, 2, 3, 4를 배웠고 장기도 배웠다"라고 증언하듯이, 경학사는 민중계몽의 역할도 담당했다.

경학사 건설을 마친 이회영과 관계자들은 무관학교 설립을 서둘렀다. 이회영과 이동녕 등 이주자들은 현지 중국인의 옥수수 창고를 빌려 개교식을 강행했다. 이렇게 해서 신흥무관학교의 첫 깃발이 올랐다. 그러나 어렵게 문을 연 신흥강습소는 현지 중국인들의 비협조로 많은 어려움을 겪었다. 학교 이름을 강습소라고 한 이유도 중국인들과 일제 관헌의 의혹을 피하기 위한 고육책이었다. 신흥강습소의 초대 교장은 이동녕이 맡았는데, 신민회의 '신'자에 다시 일어나는 구국투쟁이라는 뜻의 '흥'자를 붙였다.

신흥강습소는 본과와 특과 두 과정을 두었다. 본과는 보통 4년제 중

재만 한인들의 모습

학 과정이었는데, 교사로 장도순과 윤기섭, 이규봉과 중국인 모씨가 맡았다. 특과는 군사학을 전수하는 과정으로 6개월, 3개월의 속성과였다. 교두敎頭는 이관직이, 대장은 이장녕이 맡았다. 특과를 맡은 이관직·이장녕·김창환 등은 구한국 시절 당시 무관학교의 특별 우등생으로 최고의 승급에 있던 엘리트들이다. 이 교관들은 체육 선생으로 근무하였는데, 웬만한 추위에도 새벽 세 시만 되면 훈령을 내려 인근의 제일 큰 산을 한 시간에 돌고 올 정도였다고 한다.

신흥강습소 학생 수는 최소 40여 명이었다. 1911년 음력 12월 18일에 학교 연종年終 시험과 진급 포상회가 열렸다. 본과 학생 중 반장과 우등자 5명이, 소학과 학생 중 반장과 우등자 4명이 포상을 받았다. 이어 이듬해인 1912년 7월에 열린 합니하哈泥河(하니허) 신흥무관학교 낙성식에는 7명의 졸업자가 상을 받았다고 한다. 졸업생 중에는 변영태·성주식·강한연 등 약 40명 내외가 1911년 말경 신흥강습소 제1기생으로 졸업한 것으로 알려졌다. 신흥강습소는 합니하에 군사훈련과 함께 중등교육과정을 가르칠 수 있을 정도의 시설을 갖춘 새로운 학교가 세워지면서 자연히 신흥무관학교 또는 신흥중학교로 변모하였다.

합니하에 세워진 무관학교의 꿈

1911년 음력 7월 초, 이회영과 이계동(이상룡의 아우)은 동삼성 총독 조이풍을 만나러 심양沈陽에 갔다. 망명자들의 입적 등의 청원에도 불구하고, 차별 대우와 불공정한 처사가 계속되었기 때문이다. 그러나 면담조차 할 수 없었다.

이회영은 이에 멈추지 않고 그해 11월 베이징으로 가 임시 대총통으로 취임한 위안스카이袁世凱를 만나기로 작정했다. 당시 위안스카이는 1911년 신해혁명으로 청조가 몰락하고 이듬해 3월 임시 대총통이란 최고 권력 자리에 올랐다. 그는 1882년의 임오군란 때 북양北洋함대 제독 정여창이 이끄는 청군淸軍의 군수참모라는 막강한 권한으로 조선에 온적이 있었다. 청국의 대표로 부임했던 27세 때는 가마를 탄 채 입궐했고, 국왕 알현 때도 기립하지 않아 많은 비난을 받기도 했다. 그러나 일찍이 위안스카이는 이회영의 부친 이유승과 친교가 깊었고, 이회영 형제들과도 세교世交가 있었다.

이회영의 협조 부탁에, 더구나 일제에 침략당한 한국에 큰 애착을 갖고 있었던 위안스카이는 적극 협조를 약속했다. 그는 비서 호명신을 대동시켜 동삼성 총독을 방문하게 했다. 위안스카이 총리의 친서를 받은 동삼성 총독은 비서 조세웅을 이회영에게 딸려 보냈고, 회인·통화·유하의 현장에게 다음과 같은 명령을 내렸다.

중국 임시 대총통이었던 위안스카이. 과거 이회영 일가와 맺은 친분 덕에 한인 토지 매매를 후원했다.

> 회인·통화·유하 세 현의 각지에서 한인들이 농업·공업·상업·교육, 기타의 사업과 시설을 하는 데 대해 본토 만주인들은 협력 원조하다. 그리고 만주인과 한인은 서로 절대 화친할 것이며, 만주인이 한인의 제반 사업을 침해하거나 분쟁을 일으키며, 또 한인에 대하여 조소나 모욕을 하는 자가 있으면 엄벌에 처할 것이다.

이런 훈시문이 곳곳에 게시되자 그 후로 한인을 두려워하여 잘 바라보지도 못하게 되었다. 드디어 중국인들과의 갈등문제가 해결된 것이다. 그러나 토지매매 문제는 쉽게 풀리지 않았다. 봉천성 의회에서는 한인의 토지 소유를 제한하는 토지전매조차 금지법을 가결하였다. 이회영은 이때 호명신과 결의형제까지 맺었는데, 호명신은 이회영에게 추가가

신흥무관학교로 가는 길목인 통화현 광화진 전경. 이곳을 지나 동북쪽으로 2~3킬로미터를 가면 합니하 무관학교 터를 찾을 수 있다.

보다는 다른 지역의 토지를 구입하는 것이 어떠냐고 권했다.

호명신의 권유에 따라 옮기게 된 곳이 합니하 강가 근처였다. 합니하로 가는 길은 추가가보다 훨씬 험했다. 통화현에서 출발해 고뢰산, 청하자의 첩첩산중을 한참 돌아 서광촌曙光村이란 마을을 지나면 현재 광화진光華鎭으로 이름이 바뀐 신안보新安堡에 닿을 수 있다. 이곳에는 푸른 훈강 상류에 해당하는 합니하라는 작은 강이 구릉진 산을 휘감으며 압록강을 향해 흐른다.

이회영 일행이 군사훈련과 중등 교육과정을 가르치기 위한 무관학교

터로 계획한 곳은 광화진에서 동북쪽으로 2~3킬로미터 떨어진 합니하 강가였다. 강물이 산 주위를 반원을 그리며 돌아 흐르며 넓은 평야와 언덕을 만들었는데, 산 아래 언덕 들판은 군사훈련을 시키기에 더 없이 좋은 요새였다. 게다가 광화진 쪽에서는 물론이고 합니하가 흐르는 곳에 나 있는 길가에서도 잘 보이지 않았다.

1991년 10월 이곳을 답사한 조선족 연구자 강룡권이 묘사한 주위 풍경은 다음과 같다.

주위가 고산준령으로 둘러싸인 분지에 남북 10리나 되는 평원이 있고 그 남쪽 끝이 논밭보다 약 30미터 정도 높게 덩실하게 언덕을 이루었는데, 인덕 위엔 20정보 가량 되는 구릉을 이루어 마치 합니하 '평원'을 연상케 했다. 군사적으로도 영락없는 요새였다. …… 천연 무대와 서쪽 심산이 맞붙어 있기에 실로 난공불락의 요새라고 말할 수 있다.

이처럼 '천험의 난공불락 요새'에 무관학교를 건립하려 했으나, 통화현에서 토지매매를 허가하지 않았다. 이에 이회영과 이계동은 동삼성 총독에게 청원서를 올렸다. 최근 중국 요녕성 당안관에서 발견된 자료를 보면, 이회영이 만주 이민 한인들의 입적과 토지 매입을 위해 얼마나 많은 노력을 기울였는지 실감할 수 있다.

그러나 수십 일이 지나도 회답이 없자, 1912년 4월 1일 이회영은 다시 토지 사는 것을 허락해 달라는 청원서를 동삼성 도독都督에게 올렸다. 그제서야 청원서에 대한 반응이 빨라졌다. 드디어 7월 1일 가산을

（呈文）

交涉科 六月九日

呈 通化縣居民李會榮等謹

元年三月

辛亥十月 東三省總督無三省將軍奉天巡撫事
下伏以鄙等去年冬伏蒙
大臣本無歧視之批各僑民多請願該縣已經八
籍交流離困苦之餘始欲安住資生而刻令柳河通
化僑民之無家屋無禮地者不下五六千戶每戶隨
方辦若干金合買山庄於通化縣哈密河地方為圍
聚謀生之道而請買墾荒該縣則縣尊云現今墾館
虞雖八籍之民土地賣買不可認許契券所以該地
人民知官吏舉動反生疑貳凡保土地住家一併不
許當此農時已迫無所備前頭潛墾在所難免凡
為僑民者皆疾首顰蹙遑遑道路是可忍也孰不可
忍也夫教育國民事實工最要而土地家
屋賣買又實業中最要件也苟不為件也烏可曰國民
孝該縣自潘侯徙政務更新頒聲洋洋而獨於吾
僑民之事不欲廣施其惠者何也借俊該縣實有歧
視之心則
大則退抛果無効乎若日時勞費政與前不同則裁無
國之民只可為大清之民而不當為中華之民乎鄙
等炎黃種族也今日新政府諸公斷當一倍憐恤哀
時勢之虞何關於已經八籍之民矣若日人物豈可

이회영이 중국 정부에 올린 상서. 그는 이 글에서 "우리가 기꺼이 왜적의 노예가 되지 않고 중국의 백성이 되고자하는 마음을 헤아려 달라"며 토지 매입을 강하게 요청했다.

구입할 수 있다는 비답을 받았다. 이회영과 이주민 일행의 감격은 이루 말할 수 없었다. 그의 형 이석영이 거금을 쾌척해 이 일대를 사들였다. 그 이후 합니하 신흥무관학교 터 및 그 인근 토지에 대해서는 아무런 문제가 제기되지 않았다.

신흥무관학교 터 맞은편 강 언덕에는 지금도 '까오리관쯔高麗館子'라는 작은 한족 마을이 있다. 무관학교 터에 고려(까오리)여관이 있어 그 유래를 따라 지은 마을이라 하는데, 아마 이회영 식솔들이나 이주민 일행이 거주했던 숙소로 여겨진다. 1912년 음력 3월 학교 신축 공사에 들어가면서 드디어 신흥무관학교의 역사가 시작되었다.

지금도 서간도의 바람소리가

그러나 서간도와 삼원포 일대에서 그들을 기다리고 있는 것은 인간으로서 참아내기 힘든 혹독한 자연조건이었다. 서간도에 도착하자마자 이들을 괴롭힌 것은 4월까지 부는 차가운 바람과 지독한 추위였다. 초가을부터 내린 눈이 녹지 않고 계속 쌓여 얼음눈이 되는데, 그 얼음 위로 마차가 달리면 바퀴가 얼음에 부딪치는 소리가 몹시 귀에 거슬렸다고 한다. 후에 이상룡의 손부가 되는 허은은 다음과 같이 기록하고 있다.

서간도의 겨울추위는 엄청나다. 추운 날은 아예 공기의 느낌 자체가 다르다. 공기가 쨍하게 얼어 붙은 것 같을 때도 있다. 어떤 때는 해도 안보이고 온 천지가 눈서리에 꽉 끼어 아무것도 보이지 않는다. 하늘과 땅 사이에 바람만 살아서 소리가 요란하다.

허은, 『아직도 서간도의 바람소리가』

무서운 것은 혹독한 추위뿐만 아니었다. 메마른 황무지에서 춥고 배고프니 자연 풍토병이라 할 홍역·천연두·장질부사 등의 질병이 많았다. 그러나 질병에 걸려도 마땅한 약이 없어 그저 민간요법에 의지하는 수밖에 없었다. 이회영의 5세 된 아들 규창이 어린이 전염병 백일해百日咳를 앓자, 환자가 당나귀에 입을 맞추면 병이 낫는다고 하여 당나귀와 입을 맞추게 했다.

1911년과 1912년 흉년으로 인해 이주민들은 극심한 기아에 시달렸다. 서리가 일찍 내리고 날씨가 추워 흉작이 되자 식량난이 발생하였고, 이 때문에 어른 아이 할 것 없이 모두 쇠약해졌다. 허위의 형인 허혁의 처조카와 권팔도의 아들, 그리고 당시 20세 청년인 이해동의 숙부에 이어 10세 된 그의 두 고모도 수토병水土病이라는 풍토병으로 죽었다.

서간도의 한인 이주민들을 무섭게 하고 놀라게 한 것이 또 있었다. 바로 마적 떼의 습격이었다. 삼원포 일대가 험준한 산악지대여서 아직 치안이 제대로 확보되지 않은 탓도 있지만, 삼원포 일대에 유난히 마적 떼들이 자주 출몰했다. 이 때문에 이석영과 이회영의 부인 이은숙이 하마터면 마적의 습격으로 목숨을 잃을 뻔했다.

이회영이 독립 자금을 마련하기 위해 블라디보스토크를 거쳐 국내로 잠입했던 1913년 음력 10월 20일 새벽 4시쯤 마적 떼 50~60명이 마을을 덮쳐 총을 함부로 쏘았다. 이 때문에 이은숙이 어깨에 관통상을 입고 피를 흘리며 쓰러졌다. 이은숙은 3세 된 딸 규숙圭淑과 갓 6개월 된 규창을 꼭 껴안아 두 남매는 목숨을 보존했으나, 세 사람은 피투성이가 되었다. 김규식의 처남으로 세브란스병원 의사였던 김필순이 마침 통화에서 적십자병원을 열고 있었는데, 이은숙은 그곳에서 40일간 치료를 받고서야 회생할 수 있었다.

이석영은 자신의 집에서 기숙하던 두 학생과 함께 마적 떼에게 산채로 끌려갔다. 이 소식을 들은 중국이 군대를 풀어 이석영은 무사히 돌아올 수 있었다. 이석영 일행이 일제강점 후 국권을 회복하려고 군대를 양성할 계획으로 만주에 왔다는 말을 들은 마적 떼들은 백배사죄했다.

신흥무관학교, 04
항일무장투쟁의 전초기지

합니하에 울려 퍼진 독립군가

통화현 광화진의 합니하 강가에 새로운 터전을 일군 신흥무관학교는 신흥강습소라는 이름으로 1912년 음력 3월 2일부터 시작해 6월 7일(양력 7월 20일) 역사적인 대망의 새 교사를 완공했다. 모든 공사는 교사와 학생들의 손으로 진행되었다. 이 학교의 1회 졸업생이자 교관이었던 원병상의 수기를 보자.

삽과 괭이로 고원 지대를 평지로 만들어야 했고, 내왕 20리나 되는 좁은 산길 요가구 험한 산턱 돌산을 파 뒤져 어깨와 등으로 날라야만 되는 중노역이었지만, 우리는 힘드는 줄도 몰랐고 오히려 원기왕성하게 청년의 노래로 기백을 높이며 진행시켰다.

원병상, 「신흥무관학교」, 『독립운동사자료집 10』

이렇게 교사와 학생들, 지역주민이 합심하여 새로운 교사가 그해 7월 마침내 완성되자, 백여 명의 이주민들은 눈물을 흘리며 낙성식의 기쁨을 누릴 수 있었다. 이회영은 신흥무관학교의 부지 매입과 건립 등 전 과정을 주관했음에도, 이후 아무런 직책을 갖지 않았다. 즉 학교 발기인으로는 이회영을 비롯해 이동녕·이관직·이상룡·윤기섭 등이 참여했지만, 이후 학교 교장은 이철영과 이동녕에 이어 여준과 이광·이세영 등이 맡았다. 직책이나 명예에 얽매이지 않는 그의 인품과 자유정신을 엿볼 수 있는 대목이다. 부인 이은숙 여사는 신흥무관학교 발기인들에 대해 다음과 같이 회고하고 있다.

(교장 이상룡)이 분은 경상도 유림단儒林團 대표로 오신 분이고, 이장녕 씨, 이관직 씨, 김창환 씨 세 분은 고종황제 당시에 무관학교의 특별 우등생으로 승급을 최고로 하던 분이다. 만주에 와서 체조 선생으로 근무하는데, 대소한 추위에도 새벽 세시만 되면 훈령을 내려 만주서 제일 큰 산을 한 시간에 돌고 오는지라, 세 분 선생을 범 같은 선생이라 하더라. 여준 선생은 합방 전에 오산중학교 선생으로 근무 중에 애국지사로 우당장과 연락을 하시더니 임자년(1912)에 '합니하'로 오셔서 학교 선생으로 지내셨다. 그분 백씨伯氏 봉함장은 가족끼리 솔권하여 설산設産하고 지내셨다. 이상룡 씨가 교장으로 4~5년 있다가 지방 학교로 가신 후, 여준 씨가 교장으로 근무하는 것을 보았다.

이은숙, 『민족운동가 아내의 수기-서간도시종기』

신흥무관학교 교감을 지낸 윤기섭과 교관 신팔균

학교에는 큰 병영사兵營舍가 세워졌다. 각 학년별로 널찍한 강당과 교무실이 마련되었고, 아울러 내무반 내부에는 사무실, 숙직실, 편집실, 나팔반, 식당, 취사장, 비품실 등이 갖추어졌고, 낭하에는 생도들의 성명이 부착된 총가銃架(총을 걸쳐두는 받침대)가 별도로 설치되었다. 학생들은 수업료 등 일체의 학비를 내지 않았다. 학교 유지비도 그러했지만, 학교 식당에서의 식사는 학생들이 공동으로 마련한 것을 포함하여 한인 유지자들이 부담한 것이다. 다른 지방에서 온 학생들은 이석영·회영·시영 형제의 집에서 돌보았다. 얼마나 많은 학생들의 식사를 장만해야 했는지, 이시영의 부인 박씨는 무관학교 학생들을 뒷바라지하다가 그만 과로로 병에 걸려 죽을 정도였다.

교직원의 복장은 사계절 백색 무명으로, 상의에는 단추 다섯 개가 달렸고 하의는 통으로 되어 있었다. 생도들은 농사를 짓고 실업에 힘쓰면서 수업에 임한다는 취지로 농천황색濃淺黃色으로 염색한 다치푸(만주어)를 필로 끊어 만든, 교직원과 같은 양식의 제복을 입고 학생모를 썼다. 신흥무관학교에는 본과와 특별과가 있었는데 본과는 4년제 중학 과정이었고 특별과는 6개월, 3개월 속성의 무관 양성 과정이었다. 무관학교 생도들의 하루 일과는 원병상의 수기에 생생하게 나와 있다.

모든 생도들은 새벽 여섯 시 기상나팔 소리에 따라 3분 이내에 복장을 갖추고 검사장에 뛰어가 인원 점검을 받은 후 보건체조를 하였다. 눈바람이 살을 도리는 듯한 혹한에도 윤기섭尹琦燮 교감이 초모자를 쓰고 홑옷을 입고 나와서 점검하고 체조를 시켰다. 자그마하지만 다부진 인물인 여준 교장은 겨울에도 털모자를 쓰지 않은 채 생도들의 체조 광경을 지켜보았고, 벌도 매서웠다고 한다. 활기찬 목소리, 늠름한 기상에 뜨거운 정성이 담겨 있었다.

체조 후 청소와 세면을 마치면 각 내무반별로 나팔소리에 맞춰 식탁에 둘러앉았다. 주식은 가축 사료나 다름없는, 윤기라고는 조금도 없는 좁쌀이었다. 부식은 콩기름에 절인 콩장 한 가지뿐이었다. 학생들이 얼마나 기름기 없는 음식을 먹었는지는 한 일화로 짐작할 수 있다. 1912년 합니하 신흥무관학교 낙성식 때 이석영이 큼직한 돼지고기를 기증하자 이를 정신없이 먹은 생도들은 배탈이 나 여러 날 고생했다는 것이다. 이렇게 턱없이 부족한 식사와 의복에도 불구하고, 교직원은 단의單衣와 초모를 쓰고 교육을 시켰고, 학생들은 주린 배를 움켜쥐고 훈련에 열중했다.

유명한 님 웨일즈Nym Wales의 『아리랑』에는 어린 나이에 이 학교에 입학해 군사훈련을 받은 김산(장지락)의 생생한 경험담이 나온다.

마침내 목적지에 도착하였다. 합니하에 있는 대한독립군 군관학교. 이 학교는 신흥학교라 불렸다.······하지만 내가 군관학교에 들어가려고 하자 사람들은 겨우 열다섯 살밖에 안된 꼬마였던 나를 거들떠보지도 않았다! 최저 연령이 열여덟 살이었던 것이다. 나는 가슴이 찢어지는 것만 같아서 엉엉 울었다. 마침내 나의 기나긴 순례여행의

『아리랑』의 저자 김산. 16세의 나이에 신흥무관학교에 들어가 훈련받은 광경을 잘 묘사하고 있다.

모든 이야기가 알려지게 되자 학교 측은 나를 예외적인 존재로 취급해야만 하며 그러므로 시험을 칠 수 있게 해야 한다고 결정하였다.······학교는 산 속에 있었다. 열여덟 개의 교실로 나뉘어 있었는데 비밀을 지키기 위하여 산허리를 따라서 줄지어 있었다. 열여덟 살에서 서른 살까지의 학생들이 백 명 가까이 입학하였다.······우리들은 군대 전술을 공부하였고 총기를 가지고 훈련받았다. 그렇지만 가장 엄격하게 요구되었던 것은 산을 재빨리 올라갈 수 있는 능력이었다. 게릴라 전술······한국의 지세, 특히 북한의 지리에 관해서는 아주 주의 깊게 연구하였다. 그날을 위하여. 방과 후에 나는 국사를 열심히 파고들었다. 얼마간의 훈련을 받고 나

자 나도 힘든 생활을 해나갈 수 있었으며 그러자 훈련이 즐거워졌다. 봄이면 산이 대단히 아름다웠다. 희망으로 가슴이 부풀어 올랐으며 기대로 눈이 빛났다. 자유를 위해서라면 무슨 일인들 못할쏘냐?

김산·님 웨일즈, 『아리랑』

아침 식사 후에는 조례에 나가 "화려강산 동반도는 / 우리 본국이요 / 품질 좋은 단군자손 / 우리 국민일세 / 무궁화 삼천리 / 화려강산 / 우리나라 우리들이 / 길이 보존하세"라는 애국가를 불러 뜨거운 눈물을 흘렸다. 또한 '독립군 용진가'를 불러 사기를 북돋웠다.

요동 만주 넓은 뜰을 쳐서 파하고
여진국을 토멸하고 개국하옵신
동명왕과 이지란의 용진법대로
우리들도 그와 같이 원수 쳐보세
(후렴)
나가세 전쟁장으로
나가자 전쟁장으로
검수 도산 무릅쓰고 나아갈 때에
독립군아 용감력을 더욱 분발해
삼천만 번 죽더라도 나아갑시다

이외에도 학생들은 민족의식과 항일정신을 고취시키고 전장에 나가

용감히 싸우기 위한 창가를 즐겨 불렀다. 다음은 신흥무관학교 교가다.

서북으로 흑룡黑龍 대원大原 남南의 영절濘浙에
여러 만만萬萬 헌원軒轅 자손 업어 기르고
동해東海 섬 중 어린 것들 품에다 품고
젖 먹여 기른 이 뉘뇨

(후렴) 우리우리 배달나라에
우리우리 조상들이라
그네 가슴 끓는 피가 우리 가슴
좔좔좔 걸치며 돈다

장백산 밑 비단 같은 만리 낙원은
반만년래 피로 지킨 옛 집이어늘
남의 자식 놀이터로 내어 맡기고
종 설움 받는 이 뉘뇨
(후렴)
칼춤 추고 말을 달려 몸을 단련코
새로운 지식 높은 인격 정신을 길러
썩어지는 우리 민족이 끌어내어
새 나라 세울 이 뉘뇨
(후렴)

전체적으로 이 교가는 웅혼雄渾했던 한민족사를 회고하면서 스스로 나라를 되찾기 위한 각오와 자세, 사명감을 갖게 하는 노래였다. 매년 8월 29일 국치일에는 학생이건 어린아이건, 또는 부녀자건 관계없이 신흥무관학교 운동장에 다 모여 기념행사를 가졌다. 동네에서 단체로 찰떡과 김치를 마련하여 나누어 먹고 간단한 식도 하고 연극도 했다. 경술년 국치일을 잊지 말자는 내용인데, 연극을 보고 우는 사람들도 많았다.

학생들은 신흥무관학교에서 배운 아래의 노래를 집에 돌아가 누이나 가족들에게 가르쳤다. 다음 노래는 허은의 큰오빠가 이 학교에 들어가 제일 먼저 배워온 노래라 한다.

슬프도다 우리 민족아!
오늘날 이 지경이 웬 말인가?
4천여 년 역사국으로
자자손손 복락하더니
오늘날 이 지경이 웬 말인가?
철사주사로 결박한 줄을
우리 손으로 끊어 버리고
독립만세 우레 소리에
바다가 끓고 산이 동하겠네.

신흥무관학교의 제반 사정은 나아지지 않고 더욱 어려워졌다. 그중에서도 식량부족 문제가 가장 컸다. 당시 상황을 원병상은 이렇게 회고했다.

주식물이라고는 부유층 토인들이 이삼십 년씩 창고 안에 저장해두어 자체의 열도에 뜨고 좀먹은 좁쌀이었는데, 솥뚜껑을 열면 코를 찌르는 쉰 냄새가 날 뿐만 아니라 바람에 날아가 버릴 정도로 끈기라고는 조금도 없고 영양 가치도 전무한 토인들 가축용의 썩은 곡식을 삶은 명색의 밥이었다.

부식이라고는 콩기름에 저린 콩장 한 가지뿐이었다. 썩은 좁쌀밥 한 숟가락에 콩장 두어 개를 입에 집어넣으면 그만이다. 그나마 우리는 배부르게 먹을 수도 없었다. 굶지 않는 것만도 다행으로 알면서 교직원이나 생도들은 함께 모여 항상 화기애애한 가운데 식사시간을 보냈다.

학교 경영이 점차 어려워지자 중국인의 산황지山荒地를 빌려 밭을 일구었다. 일과가 끝나면 학생들은 편대를 지어 각 조별로 산비탈에 달라붙어 땀을 흘리며 괭이질을 했다. 억센 풀뿌리를 파헤쳐 밭을 만들고 옥수수·콩·수수 등을 파종해 거두어들였다. 학교 건너편 낙천동樂天洞이라는 산중턱에서 허리까지 차는 적설積雪을 헤치며 나무를 끌어내리고 등으로 나무토막을 쳐다가 땔감으로 사용해 겨울을 났다.

이렇게 힘든 노동에도 아무 불평이 없는 것은 물론, 이극 교관의 함경도 사투리 섞인 산타령에 장단을 맞추어 즐겁게 일했다. 하지만 교직원들과 학생들의 이런 노동에도 불구하고 학교의 사정은 좀처럼 나아지지 않았다.

개교한 1911년부터 12년, 13년에 거듭해서 가뭄과 서리의 천재가 겹친 것이다. 게다가 고국에서는 볼 수 없는 수토병이 번져 이시영의 아들이자 신흥무관학교 교사였던 이규봉의 남매가 병으로 죽고 말았다. 외조부를 따라 서간도에 온 권영신 여사 역시 무관학교 생도들의 궁핍한 생활을 다음과 같이 전하고 있다.

합니하의 생활은 간고했다. 소금과 광목천만 시내에서 구입하고 일체는 자급자족하였다. 연도에 토비들의 습격을 방지하기 위해 육혈포와 화승총, 퉁포총으로 무장한 독립군 30여 명이 소발구와 개발구를 이끌고 소금과 광목천을 사왔다. …… 독립군들은 솜바지에 무릎까지 나오는 동저고리를 맸으며 울로초란 풀로 발을 감싸고 헝겊으로 다시 감싼 후 초신을 신었다. 발 모양이 아주 둥실하고 컸는데 며칠에 한 번 벗으면 그 악취가 코를 찔렀다.

권영신, 「이 판서댁과 나의 외조부 그리고 부친」, 『週刊 今日遼寧』

그러나 이런 어려움 속에서도 학교는 무관학교 본래의 사명을 게을리 하지 않았다. 학과는 전략, 전술, 측도학測圖學(지도 보는 법) 등의 이론과 보步, 기騎, 포砲, 총검술, 유술柔術, 격검擊劍 등을 익혔다. 국사교육도 철저히 시켰다. 이상룡이 지은 『대동역사大東歷史』가 교재였는데, 만주를 단군의 옛 강역으로 기술한 사서였다. 단군 혈통이 북부여에서 동부여 고구려로 3천 년간 연면히 이어졌다는 사관으로 기술된 책이었다.

학생들의 의기는 대단했다. 1914년 조선총독부의 명령을 받은 조선

총독부 시보 이마무라 구니[今村邦] 등은 헌병 대위 오타 기요마츠[太田淸松] 등과 함께 압록강과 두만강 유역 교민들의 실태를 조사했다. 실제 목적은 당연히 한인 교민들의 실태를 파악해 감시하기 위한 것이었다. 당연히 신흥무관학교는 반드시 파악해야 하는 곳이었다. 그러나 경계가 삼엄해 직접 오지 못하고 한인 보조원 정모 씨를 시켜 대신 방문하게 했다. 정 보조원이 이모 씨 댁에서 하룻밤을 자면서 벌어졌던 일이 '국경지방시찰복명서國境地方視察復命書'란 보고서에 실려 있다.

…… 야반에 생도 20여 명이 그 침소에 돌입하여 와서 혹은 치고 혹은 찌르며 매도하기를, "너는 어떤 연유로 일본인에게 사역하느냐, 빨리 가래 한 자루를 들고 우리들과 행동을 같이하라. 우리들은 배우며 또한 갈며 스스로 의식을 해결하고 있다"고 하며, "너는 돌아가서 일본인의 수족이 되어 사는 것보다 깨끗이 이곳에서 죽지 못하겠느냐"면서 "또한 살아서 돌아간다 해도 너의 생명은 장백부長白府를 무사히 통과하지 못할 것이다"라고 하며 마침내 감격에 벅차 체읍涕泣하고 호호呼號하는 자가 있었다고 한다. 이로써 그 일반一班을 엿볼 수 있으리라 사료된다.

이처럼 스스로 감격에 벅차 눈물을 흘리고 구호를 외칠 정도로 생도들이 의기에 차 있던 곳. 정신적으로는 투철한 국사관으로, 육체적으로는 튼튼한 군사훈련으로 무장한 독립전사를 배출하는 곳. 그곳이 바로 신흥무관학교였던 것이다.

이회영은 자신과 함께 온 종이나 멀리서 찾아온 지게꾼들, 농부들을 모두 독립군으로 받아들였다. 그 중에 원래 종이었던 홍흥순이 노비가 종래 습관대로 길게 대답하면, 이제는 종의 신분이 아니라 독립군으로서 심부름도 독립을 위한 일로 노비의 습성을 버리라고 꾸짖었다. 권영신은 이회영 일가를 따라 열세 명의 종이 함께 왔다고 증언했는데 독립군이 되면서 상하와 귀천, 나리와 종이 없었다고 말하고 있다.

한편, 독립군 지원을 명분으로 일제의 사주를 받은 한인 밀정들이 이곳 정보를 캐려는 사례가 빈번했다. 이 때문에 신흥무관학교 학생들은 신분이 불분명한 자가 나타나면 일단 밀정으로 판단하는 등 민감한 반응을 보였다.

민족시인이며 후일 3·1독립선언서를 작성한 한용운이 신흥무관학생들의 총에 맞아 죽을 뻔했던 일화는 이러한 당시의 분위기를 극명하게 보여준다. 한용운은 전부터 신흥무관학교에 대한 소문을 듣고 직접 찾아가보고 싶은 마음에 1913년 두만강을 건너 홀로 이 학교를 찾아갔다. 아무런 사전 소개인이나 안내인조차 없이 무작정 찾아온 한용운을 맞이한 이회영은 그곳에서 며칠 머물게 하였으나, 학생들의 경계 눈초리는 매서웠다.

며칠 후 그는 이회영에게 고국으로 돌아가려고 하나 여비가 부족하다고 하였고, 이회영은 형 이석영에게 부탁하여 노자 30원을 주도록 했다. 한용운이 합니하를 떠나 통화로 가던 도중에 굴라제 고개에서 그를 일제 밀정으로 수상히 여겨 뒤따라온 무관학교 학생들이 그의 뒤통수를 향해 총을 쏘았다. 학생들은 그가 죽은 줄 알고 덤불 속에 내동댕이치고 학교로 돌아갔다. 이회영은 그가 통화병원에 입원하여 치료 중인 것을 알고 학생들을 불러다 놓고 심하게 꾸짖었다.

이회영은 3·1운동 이후 부인 이은숙에게 말하길, "연전에 합니하에 소개 없이 청년 하나가 오지 않았던가. 그분이 지금 왔어. 자기가 통화로 가다가 총을 맞았다는 이야기를 하면서 '내 생명을 빼앗으려 했던 분들을 좀 만나 보면 반갑겠다'고 하니 그분은 영웅이야"라고 말하고 다음과 같은 말을 덧붙였다.

내 그때 학생들의 짓이나 아닌가 하여 학생들을 꾸짖지 않았소. 그러나 그분이 총을 맞고 최후를 마쳤다면 기미만세에 독립선언서를 누구하고 같이 지을 것이며, 33인의 한 분이 부족하지 않았을까.

이 일로 인해 한용운은 평생 병적으로 머리가 저절로 흔들리는 체머리로 고생하며 살아야 했다.

신흥무관학교를 건립할 당시 이회영의 생각을 엿볼 수 있는 자료가 하나 있다. 1914년 5월 30일 하와이에서 발행된 교포신문인 『국민보』에 그의 글로 추정되는 논설이 실려 있다. 「한국은 어떠한 인물을 요구하는가?」라는 제목의 글이 그것이다.

나라가 어지러우매 충신을 생각한다 하였고 비상한 인물이 나면 비상한 사업을 이룬다고 하였으니, 한국은 충신을 생각하는 때이며 다시 비상한 인물을 요구하는 시대로다. 미국은 워싱턴을 기다려 독립을 이루었고, 독일은 비스마르크에 이르매 연방이 되었나니.

알지 못하겠노라, 한국아, 어찌 오늘까지 국가를 부흥하는 대업을 이루지 못하고 민족을 구원하는 위훈을 세울 영웅을 얻지 못하였는가. 세계의 공론을 듣고 우주의 대세를 돌아보니, 한국이 부활할 날이 멀지 아니하였도다. 그런즉 이 일을 이룰 영웅이 반드시 산출하려니와 그 영웅은 어디 있는고 (중략) 겸양하여 그러한지 몇몇 인도자에게만 너무 전탁하는 경향이 적지 아니하니, 이 일이 좋기는 좋거니와 경천위지經天緯地하는 대정치가도 한 사람으로는 어찌 할 수 없으며, 신출귀몰하는 대군략가도 한 사람으로는 용맹을 쓰기 어렵도다. 오늘날 우리가 주소晝宵로 원하고 바라는 것은 무엇인가. 삼척동자라도 반드시 독립이요 자유라 하니, 이 목적을 관철하며 이 이상을 통달할 정치가도 우리 중에 있고 군사가도 동포 중에 있고 인도자도 사회상에 있지만, 오직 한 가지 부족한 것은 가장 크기도 하고 많기도 한 것이라, 한국이 요구하는 바는 정치가, 군사가보다 더 위대한 인물이니, 이가 누구인고 하니, 곧 개인의 천직을 다하는 자, 사회에 책임을 행하는 자, 국가에 의무를 다하는 자이라.

한두 사람의 이 같은 것을 요구함이 아니요, 국민 대동의 이 같음을 요구함이니, 대영웅이 대국민만 같지 못하다 함은 천만 년의 격언이오 진리가 있는 보훈이로다. 동서고금의 역사를 상고컨대, 영웅이 건설한 나라는 길이 가지 못하되 국민이 합동하여 세운 국가는 운명이 장구하도다. (중략) 우리 한국이 만첩 겁운劫運을 벗고 청천백일을 보며 원수의 기반羈

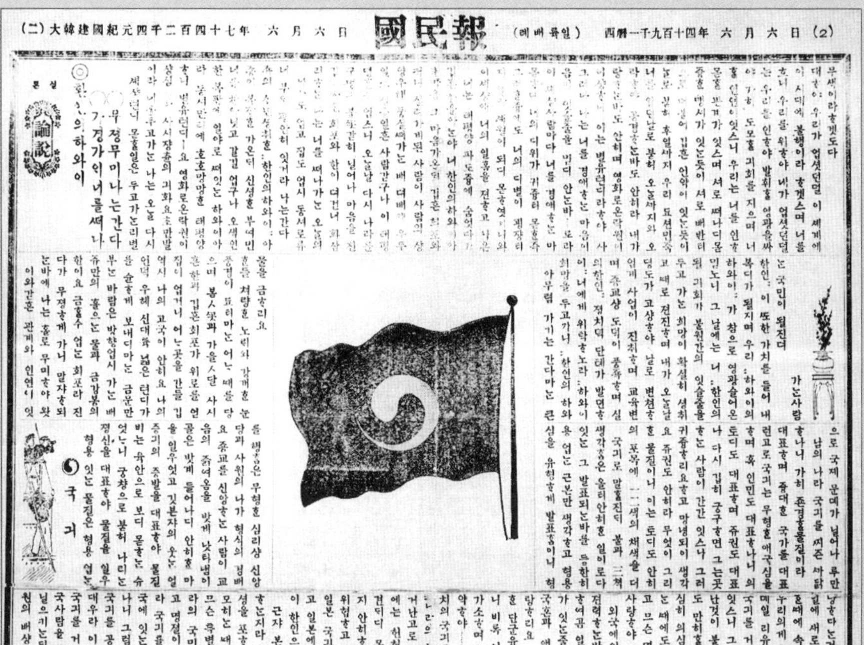

이회영이 동포에게 보내는 글을 실은 하와이 교포신문 『국민보』

絆을 면하여 자유의 복지에 달하자면 비상한 담략과 용맹과 열심과 성력과 모략과 지식과 수단이 있어야 목적을 달할지니, 이는 한두 영웅이나 세넷 인도자의 능할 바가 아니라 오직 그들은 지로승指路僧이 될 뿐이요, 무수한 영웅을 반드시 요구하나니. 이 무수한 영웅은 곧 다시 말하건대 자포자기하지 말고 오직 자진 자강하여 인생이 가장 귀중한 것을 깨닫고, 검은 방장, 콩기름 등 아래와 푸른 다락, 아와 즙에 불쌍한 세월을 지내지 말고, 배우든지 일하든지 개인의 천직을 다하여 사욕과 사리에 매두埋頭 몰신沒身하여 우준한 말하는 동물이 되지 말고, 독처獨處 고거孤居하여 정막靜寞 초췌憔悴한 생활을 짓지 말고, 사회는 나의 사회요, 나는 사회의 일분자이니 사회가 없으면 나도 없는 것을 생각하고, 공익을 경영하여 사회에 대한 책임을 행하며, 살아도 국가가 없는 자는 나라가 있고 죽은 자만 같지 못하도다. 오늘 하와이 동포는 더욱 국가에 헌신할 길이 열렸거니와 어디 있든지 어느 때든지 우리는 말로만 말고 실행하기를 시작하며, 국가에 대하여 만일의 도움이라도 되기를 예비하고 기회를 기다려 국민된 의무를 다함이니.

우리 단군의 신성한 유민 이천만은 한 사람도 누락 없이 이상에 말한 바 되기에는 쉽고, 사에는 커질 만한 무수 영웅이 되어 선조의 유전하신 자유를 회복하여 천추만세에 대훈을 세울지니, 평생은 하나이요 둘이 아니며, 세월은 한 번 가고 다시 오지 아니하나니, 이때가 곧 그때이라. 깊이 생각하고 깊이 생각하여 각각 한국의 요구하는 인물이 될진저.

『국민보』, 1914. 5. 30일자

『나라사랑 104호-우당 이회영선생 특집호』

이 글로 보아 이미 이회영은 몇몇 명망 있는 지도자에게만 너무 의존하는 독립운동 진영의 경향에 우려를 나타내고 있었다. 소수 영웅보다 자각된 대중의 힘을 새 나라 건설의 원동력이라 믿었던 그의 생각은 이미 근왕주의 사고에서 벗어나 민중적 자유연합주의로 나아가고 있었던 것이다.

3,500여 신흥무관학교 졸업생이 없었다면……

신흥무관학교 졸업생들은 2년간 모교를 위해 복무해야 했다. 각 지방 소학교에서는 이들을 앞다투어 초빙해갔다. 이들은 학교 운영에 참여하고 지역 주민 계몽을 맡아 낮에는 아동교육, 밤에는 지방 청년의 군사훈련에 힘썼다. 노동강습소와 노동학교도 여러 곳 설립하였다.

신흥무관학교 졸업생들은 신흥학우단이란 비밀결사도 조직하였다. 이는 1913년 3월 교장 여준과 교감 윤기섭을 비롯하여 제1기 졸업생들인 김석·강일수 등이 중심이 되어 결성한 조직이었다.

'혁명 대열에 참여해 대의를 생명으로 삼아 조국 광복을 위해 모교의 정신을 그대로 살려 최후의 일각까지 투쟁함'을 목적으로 삼은 신흥학우단은 첫째 강령이 "'다물多勿'의 원동력인 모교의 정신을 후인에게 전수하자"는 것이어서 처음엔 다물단이라 하였다가 그 뒤 부르기 쉽게 학우단으로 불렀다. 다물은 '고토를 회복한다'는 뜻의 고구려어로 일제에 빼앗긴 나라를 되찾겠다는 의지의 표현이었다. 김석이 초대 단장을 맡은 신흥학우단은 서간도 청년 독립운동의 핵심 결사로, 삼원보 대화사

신흥무관학교 학우단 규약

大花斜에 본부가 있었다. '혁명운동에 가입하는 것'을 가장 중요한 사업으로 삼았는데, 다음과 같은 선열의 시범을 외쳤다.

1. 나는 국토를 찾고자 이 몸을 바쳤노라
2. 나는 겨레를 살리려 생명을 바쳤노라
3. 나는 조국을 광복하고자 세사世事를 잊었노라
4. 나는 뒤의 일을 겨레에 맡기노라
5. 너는 나를 따라 국가와 겨레를 지키라

신흥학우단은 교사와 졸업생이 정단원이 되고 재학생이 준단원으로서 사실상 신흥무관학교의 동창회였으나 실제 조직과 행동은 일반 동창

고산자진 전승향 대두자에 있는 고산자 무관학교 터(전승향 조선족소학교 전 교장 민영해 진술). 옥수수밭으로 변한 이곳은 청산리전투의 승전을 기뻐해 지어진 이름으로 오광선 등 많은 독립지사를 배출했다.

회와 달리 혁명결사였다. 신흥학우단의 사업 중에는 군사 실력양성과 학교 설립, 노동강습소 설립과 함께 '민중의 자위체를 조직하여 주구走狗 침입을 예방하는 것'도 들어 있었다. 일제의 습격을 막는 일종의 군대 역할도 겸했던 것이다.

신흥학우단은 서간도 지역 이주 한인들의 계몽을 위해 『신흥학우보』라는 잡지를 만들어 배포하였다. 1913년 6월에 창간된 이 잡지는 격월간 또는 월간으로 발간하였다. 분량이 많음에도 가격이 비교적 저렴한 편인데, 잡지가 일반 주민을 상대로 하였기 때문이다. 나아가 이 잡지는 단원과 이주민들의 독립정신을 고취시키는 것은 물론, 농업문제나 여

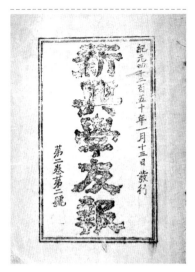
『신흥학우보』 2호

성·주택문제 등 이주민들의 당면 사항을 주요 기사로 다루고 학술 지식을 전파하여 이주 한인들에게 큰 호응을 얻었다.

신흥무관학교 졸업생들은 신흥학우단 활동에 만족하지 않고 깊은 산속 고원에 제2의 군영을 만들기로 하였다. 신흥학우단이 주동해 정예군대를 양성하기 위한 이 특별 훈련대는 중국 당국이나 일제 관헌의 감시를 피하기 위해 백서농장 또는 유장酉庄이라 불리었다. 1917년 봄 무렵부터 백두산 서쪽 작은 산맥이 있는 고원평야인 오관하五管下에 있는 소배차小白岔에 건립된 백서농장 사업은 김동삼 등 1회부터 4회까지의 졸업생 약 385명이 참여하였다.

사방 200여 리 인가조차 없는 적막한 고원지대였던 만큼, 군영은 추위와 배고픔은 물론 영양실조와 각종 질병에 시달려야 했다. 정예군대를 이뤄내겠다는 정열 하나로 군영을 만든 이들은 1919년 3·1운동 이후 한족회 총회에서 폐지 결정을 내리기까지 만 4년 동안 극한 자연환경에 맞서 버텼다. 비록 군영 설립에는 실패했으나 백서농장의 경험은 이후 독립전쟁사에 값진 밑거름이 되었다. 정의부와 통의부 등에서 '만주 호랑이'로 불린 김동삼의 활약은 물론, 서로군정서와 참의부 등에서 활동한 이들도 이때의 경험을 바탕으로 용맹성과 단결력을 갖추었다.

한편, 1919년 2월 멀리 일본 제국주의 심장부인 도쿄 한복판에서 불붙기 시작한 조선독립 만세운동은 3월 내내 전 한반도 일대와 중국 관내 및 만주에 커다란 변화와 소용돌이를 일으켰다. 서간도 일대에도 3·13 만세 시위 이후 고조된 독립운동 열의에 부응하기 위해 그해 4월 군정부와 한족회가 조직되었고, 여기에서 신흥무관학교를 확충하는 일이 논의되었다. 몰려드는 청년들을 수용하기에는 합니하가 지리적으로 외지고 협소하여 불충분했던 것이다.

이에 한인들이 많이 살고 교통이 비교적 편리한 고산자진孤山子鎭으로 본부를 이전하고 무관학교를 늘려 군사교육을 확대하고자 했다. 그리하여 1919년 5월 초순 신흥무관학교 본부를 고산자진 대두자 마을로 옮기고, 합니하 신흥무관학교는 분교로 두어 김창환이 교장직을 맡게 하였다. 대두자 신흥무관학교는 현재 청산리전투의 승리를 기뻐한다는 의미에서 지어진 '전승향全勝鄕 승희촌勝喜村'이라 불리는 조선족 마을 뒷산에 위치해 있다.

대두자 마을에서 산길로 뻗은 용강龍岡산맥을 넘으면 곧장 합니하 신흥무관학교가 나오는데, 이는 상호 연락망을 갖추고 유사시를 대비한 것으로 보인다. 그 밖의 지방에서도 결사대 조직의 목적으로, 17세부터 30세까지의 남자들을 모집해 약 3개월의 속성 군사훈련을 시켰다.

하지만 새로 정비한 신흥무관학교도 여러 가지 어려움에 시달려야 했다. 마적들의 습격을 받기도 했다. 1919년 7월 하순 유하현 고산자에 있던 신흥무관학교 본교의 교감인 윤기섭과 교관 박영희, 그리고 학생 여러 명이 마적 장장호 무리에게 납치당하는 사건이 발생했다. 또한 내

김좌진 장군이 이끌던 북로군정서. 신흥무관학교 졸업생들이 대거 참여해 혁혁한 전공을 세웠다.

부 문제도 불거졌다. '윤치국 치사 사건'이 그것인데, 이 사건은 고산자의 본교에서 윤기섭 교감에 대한 배척문제로 파벌이 생겨 급기야 졸업생인 윤치국이 희생당한 것이다. 이 일로 인해 유가족 측의 항의가 극심하자, 무관학교 사이에서도 편이 갈려 서로 감정이 악화되는 사태로 발전하였다. 한인 사회의 민심은 극도로 악화되었고, 급기야 교장 이장녕이 사임하는 사태로까지 번졌다. 한족회의 김동삼이 사태가 확대되지 않는 범위에서 겨우 수습했지만, 저하된 사기를 만회하기는 쉬운 일이 아니었다.

여기에 일제의 압력도 가해졌다. 일제는 만주 지역의 독립군을 토벌하기 위해 1920년 5월 만주 군벌 장작림張作霖과 봉천, 길림 등지에서 중·일 합동수사를 전개하기로 합의했다. 이에 따라 봉천성 안에 일본인 경찰 간부를 수사반장으로 하는 '합동수사대'가 편성된 것이다.

일제는 5월부터 8월 중순까지 여러 현을 돌며 독립운동자들을 체포하고 살해하였다. 이에 따라 결국 신흥무관학교도 1920년 8월에 폐교되기에 이른다. 이 지역의 대표적 무장 독립단체인 서로군정서는 일제 침략으로 일시 피난키로 하고 교성대를 편성해 생도들을 유하현에서 안도현으로 이동시켰다. 이렇게 신흥무관학교는 1911년 12월 첫 졸업생을 낸 이후 1919년 11월 안도현 삼림지역으로 이동할 때까지 본교 및 분교를 통틀어 약 3,500여 명의 졸업생을 배출했다.

우리 독립운동사에서 신흥무관학교의 중요성은 아무리 강조해도 지나치지 않는다. 학생들은 입학과 동시에 일생을 독립운동에 바치기로 결심했고, 졸업 후에는 대부분 독립군 전사나 비밀결사대원이 되어 일제와 맞서 싸웠다. 우리 독립운동 역사상 최대의 성과인 청산리대첩은 신흥무관학교가 없었다면 불가능했을지 모른다. 1920년 10월 21일부터 26일까지 6일간 계속된 전투에서 일본군 1,200여 명을 사살해 일제를 경악에 빠뜨렸던 청산리대첩에 신흥무관학교 출신들이 대거 참전했다.

승첩을 이끌었던 부대는 김좌진 장군의 북로군정서와 홍범도 장군의 대한독립군이었다. 1919년 8월 이후 대한군정서가 조직되었을 때, 신흥무관학교의 이장녕은 북로군정서에서 참모장이라는 요직을 맡고 있

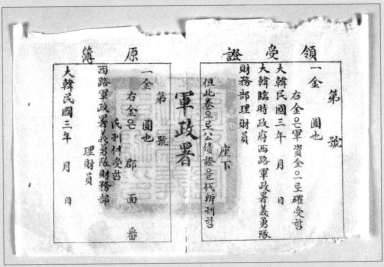

북로군정서 사관연성소(위)와 서로군정서 군자금 영수증

었다. 북로군정서의 김좌진 장군은 신흥무관학교에 요청해 김춘식·오상세·박영희·백종렬·강화린·최해·이운강 등을 교관으로 초빙해 자체의 사관양성소를 운영했다. 이들이 훈련시킨 독립군들이 바로 청산리대첩을 승리로 이끈 주역들이었던 것이다.

청산리대첩에서 박영희는 김좌진 장군의 부관 겸 사관연성소 학도단장으로, 강화린은 제1중대장 서리로, 오상세는 제4중대장으로, 그 밖에도 백종렬, 김훈 등이 소대장으로 각각 참여해 전투를 승리로 이끌었다. 이들처럼 훈련받은 장교들이 있었기에 일제의 강력한 정규군을 상대로 승전할 수 있었던 것이다.

서간도 지역의 무장독립군인 서로군정서에도 신흥무관학교 학생들이 대거 가담해 있었다. 김학규金學奎와 백광운白狂雲을 비롯해 오광선吳光鮮 등 서로군정서와 임시정부 산하 광복군 간부로 활약한 이들도 신흥무관학교 출신이었다. 만주 지역의 대한통의부·정의부·신민부·국민부 등 무장독립단체에도 신흥무관학교 출신들이 빠지지 않았다. 또 의열단과 광복군처럼 국내와 중국 본토에서 벌어지는 무장투쟁의 현장에는 반드시 신흥무관학교 졸업생들이 있었다.

만주에 남아 중국공산당 휘하의 항일유격대에 참여한 이들도 많았다. 중공만주성위 군위서기이며 홍군 참모장을 맡은 양림(김훈)이나 중공북평시위 서기였던 김산 등이 대표적이다. 이처럼 이회영과 그 일가 형제가 뿌린 작은 불씨는 신흥무관학교라는 불꽃으로 살아나 만주 벌판을 활활 타오르게 했던 것이다.

05 고종황제 망명 계획과 3·1운동

이회영은 신흥무관학교의 발전을 다 지켜보지 못했다. 그는 신흥무관학교가 합니하로 이주해 어느 정도 안정을 찾기 시작한 1913년경 이곳을 떠나야 했다. 같은 해 봄, 수원에 사는 유명한 한학자이자 동지인 맹보순孟普淳에게서 급한 연락이 왔기 때문이다. 일제가 이회영을 비롯해 이시영·이동녕·장유순·김형선 등을 체포 또는 암살할 목적으로 형사대를 파견했으니 급히 피하라는 내용이었다. 대책을 논의한 결과 일단 몸을 피하자는 데 의견이 모아졌다. 모두 이상설이 있는 블라디보스토크를 피신처로 꼽았다. 그러나 이회영은 이를 거절했다.

우리가 조국 광복의 큰 계획을 이룬다면서 빈손에 알맹이 없는 얘기만 하면서 북쪽 땅 한 귀퉁이에 모여 있으니 어느 세월에 무슨 기회를 답답하게 앉아 기다린단 말인가? 동지 여러분은 블라디보스토크로 가서 몸을 보호하시오. 나는 고국에 돌아가서 자금을 구해 오겠소.

고국으로 돌아가겠다는 말에 모두 깜짝 놀라 말렸으나 이회영은 듣지 않았다. 그러자 이동녕이 감탄해 말했다.

옛날 중국 촉한의 조자룡이 온몸이 모두 쓸개덩이라고 했는데, 오늘 보니 우당의 온몸이 쓸개덩이로구나!

이회영은 홀로 행장을 꾸렸다. 안동현에서 기차를 탔는데 다행히 서울역까지 무사히 올 수 있었다. 3년 만의 귀향이었다. 그러나 갈 곳이 없었다. 온 가족이 만주에 있었기 때문이다. 이회영은 상동 청년학원 출신의 청년 윤복영을 떠올렸다.

다 쓰러져 가는 초가집에 살던 윤복영은 느닷없이 나타난 이회영을 보고 깜짝 놀라 집안으로 맞아들였다. 함께 망명했다가 자금 마련을 위해 먼저 귀국해 있던 이관직은 윤복영한테 소식을 듣고 황급히 찾아왔다.

윤복영과 이관직은 이상재·유진태·이덕규·유기남 등을 개별 방문해 이회영의 환국 소식을 전했다. 그 와중에서 이회영은 유진태의 집으로 거처를 옮겼다. 그런데 차차 이회영의 귀국 소식이 알려져 일제의 수사망에 포착되었다. 드디어 일제 경찰 미쓰와三輪가 불시에 들이닥쳐 이회영에게 만주에서 조선으로 다시 돌아온 이유를 물었다.

이회영은 조상의 산소에 성묘도 하고 친척도 만나고 겸사겸사 왔다고 말하자, 미쓰와는 순순히 돌아갔다. 이회영은 의외라고 생각했으나 사실 일제로서는 트집 잡을 것이 없었다. 아무런 물증이 없는데 귀족 가문 출신을 함부로 고문할 수는 없었다. 양반 사대부들은 독립운동 따위는 하지 않는다고 선전하던 일제로서는 굳이 사건을 크게 만들 필요가 없다고 판단한 것이다. 이회영은 그 후 상동 공옥소학교 교사였던 이경혁의 집으로 옮겼다.

이후 이회영은 비밀리에 국내외 인사들과 교류하였는데, 이들에게서 받은 서찰은 즉시 불태워 버리고 태우지 않은 것은 땅속에 파묻어 감추었다. 그리고 이경혁의 동생 중혁 이외에는 누구와도 함께 자지 않았다. 심지어 만주에서 비 오는 야밤에 찾아온 동지도 한 방에서 잠을 재우지 않았다. 간곡히 타일러 보낸 후 새벽녘에 일본 형사가 급습했으니, 아슬아슬한 순간이었다. 형사들은 그를 종로 경찰서로 데리고 가 엄중히 심문하였으나, 그는 태연히 "지금은 큰 부자가 되는 것이 소원"이라며 대꾸했다.

일제는 이회영을 경찰서장의 즉결 처분으로 3주간의 구류를 선고하였다. 경찰서에 구금당하는 동안, 이회영은 동지 한 사람이 유치장에 갇혀 있는 것을 보았다. 곧 고육책으로 나무젓가락으로 코를 쑤셔 피를 나오게 한 다음, 종이에 '나는 그대를 말하지 않았다我不言君'라 쓰고 틈을 타 그에게 전해주었다. 그 후 3주일 동안 별다른 조사 없이 무사히 석방될 수 있었다. 아들 이규창이 기억하는 이회영의 보안 습성은 다음과 같다.

부친께서는 성격이 주도면밀해 매사에 사려가 깊으시며, 험악한 정세이
므로 어느 때에 왜놈들이 집안을 뒤질지 모르는 판이라, 각처에서 오는
편지며 또는 조금이라도 문제가 될 만한 문서는 즉시 소각하고 좀 중요
한 문서는 담배 재떨이 밑에 다 풀로 붙여두니 제 아무리 왜놈이라 하여
도 담배 재떨이 밑바닥은 보지 않는 것이다.

이규창, 『운명의 여진』

이런 조심스런 행동으로 꼬투리가 잡히지 않았기에 이회영은 귀국
후 6년 동안 살얼음판 같던 일제의 감시망을 무사히 견뎌낼 수 있었다.

사라진 6년간의 행적, 그리고 고종황제 망명 계획

이회영은 1913년 봄 국내로 밀입국한 이후 1919년 재망명하기까지 국
내 각지의 주요 인사들은 물론 중국 관내 및 만주와 미주 하와이, 일본
등에 산재한 해외 동포들과도 깊은 의견을 나눈 것으로 보인다. 그는 국
내 천도교의 오세창을 비롯해 기독교의 이승훈, 불교계의 한용운, 교육
계의 김진호와 강매, 그리고 재야인사인 이상재와 유진태·안확·이득
년 등과 긴밀히 교류하였다. 또 박돈서와 임경호·홍증식 등의 청년 동
지들을 상하이와 베이징·만주·블라디보스토크 등으로 보내 서로 의견
을 교환하도록 하였다.

그러나 이회영이 국내에 머물던 약 6년간의 활동은 극히 비밀리에
추진되었으므로 아직까지 제대로 알려진 바가 없다. 지난 6년 동안 그

의 국내 활동을 옆에서 도운 사람은 오직 윤복영과 이득년뿐이라 하는데, 이들은 이미 죽었거나 해방 후 북한으로 납치되어 구체적인 사항을 알 길이 없어졌다. 이회영의 활동을 어렴풋이 짐작하는 이관직은 "이처럼 선생이 국내에 6년간 있으며 한 활동은 오리무중에 가려져 있으니, 참으로 애석하다"며 통분해 하였다.

그나마 이관직을 통해 알려진 진실 중의 하나는 이회영이 추진한 고종황제 망명 계획이다. '한일합방'의 최종 인가자인 고종황제가 해외로 망명하여 합방의 부당성과 강제성을 증명한다면, 그 폭발성이란 가히 상상하기조차 힘들다.

한 나라의 황제가 한국 독립의 정당성을 직접 피력하고 광복운동의 전면에 나선다면, 각처에 산재한 독립운동세력의 일치단결은 물론 국내외의 동시 다발적인 무장봉기도 가능해진다. 더욱이 일본세력에 기대어 현실에 안주하던 친일파나 기득권 관료들도 일시에 명분을 송두리째 빼앗기고, 양반 지배층의 농민에 대한 지배력도 급속히 와해되어 식민통치에 치명적인 타격을 줄게 뻔했다. 이회영이 고종황제 망명 계획을 추진한 것은 이런 정치적 폭발성을 이용하기 위해서였던 것이다.

사실 고종황제를 러시아 등 해외로 망명시켜 독립운동의 구심점으로 삼고자 하는 계획은 이미 1910년에도 추진된 바 있었다. '의군별지휘義軍別指揮 전 종2품 가선대부 의정부 참찬 이상설'과 '13도 의군 도총재 유인석' 두 사람 명의의 '권황제아령파천소'는 이른바 한일합방 조약의 조인이 확실시되던 1910년 7월 28일경 작성되어 고종황제에게 품신稟申된 바 있다. 상소문은 고종황제가 러시아 땅인 블라디보스토크로 파천하여 나라를 일으키자는 것이 주 내용이다.

그러나 이 상소문은 고종황제에게까지 전달되지 못했고, 주위의 경계도 삼엄하여 실현 가능성도 희박했다. 일제가 조선보안법 위반 사건 이후 고종을 더욱 철저히 감시했기 때문이다. 고종 망명은 일제가 모든 것을 걸고 막아야 하는 식민지 통치의 제1대 원칙이었던 것이다.

이회영은 포기하지 않고 기회를 엿보았다. 드디어 방안을 떠올렸으니, 아들 이규학李圭鶴의 신부례를 이용하는 것이었다. 이규학은 1917년 이회영을 찾아 어머니 이은숙과 함께 국내로 귀국했다. 신부례 상대인 조계진은 조 대비의 친족이자 고종황제의 조카딸이었다.

이규학의 동생 규창이 70년 전을 기억해 봐도, 신부례 의식은 매우 장엄하였다. 비록 망국대부라 하여도 궁궐의 의식을 가미했으므로 수일 전부터 그 절차가 번잡 다양하여 축제 분위기였다. "혼수를 다 궁내宮內에서 준비하여 궁내 나인이 우리 집으로 폐백 전일前日에 다 가져올 정도"로 신부례는 왕실과 밀접한 관계를 유지하며 진행되었다. 이미 결혼한 지 3년이 지난 1918년 11월에 신부례를 올린 이유가 바로 이를 핑계로 궁궐에 출입하면서 고종황제의 망명 계획을 논의하기 위함이었다.

망명 계획에는 이회영·시영 형제와 이득년·홍증식洪增植·민영달·조완구 등이 가담했다. 이회영이 고종의 시종 이교영李喬永을 통해 고종의 의사를 타진하자 고종은 선뜻 해외 망명 계획을 승낙했다. 당시 일제는 황태자이자 순종의 동생인 영친왕을 일본의 왕족 이방자李方子와 혼인시키려 했다. 고종은 한국의 황태자가 일본 여인과 혼인한다는 것은 말도 안 된다고 생각했다. 순종이 후사가 없는 판국에 왕세자 영친왕이 일본

여인과 혼인한다면 조선 왕실의 순수한 혈통이 완전히 끊기는 것이라고 판단한 고종은 이회영의 망명 제의를 선뜻 받아들였던 것이다. 남작 작위 거부자이기도 한 판서 민영달은 망명 계획에 고종이 찬성했다는 말을 듣고 선뜻 여기에 동조했다.

민영달은 5만 원의 거금을 내놓았다. 이회영은 1918년 말 무렵 이득년과 홍증식을 통해 민영달이 내놓은 이 자금을 베이징에 머물고 있던 이시영에게 전달해 고종이 거처할 행궁을 임차하고 수리하도록 부탁했다. 이렇듯 자금이 마련되고 행궁까지 준비되어 구체화되어가던 고종의 망명 계획은 그러나 의외의 사태 때문에 성사되지 못했다. 계획이 진행되던 중이던 12월, 고종황제가 밤중에 식혜를 먹은 후 갑자기 복통을 일으켜 괴로워하다가 반 시간 만에 서거하고 만 것이다.

고종의 의문의 죽음, 그리고 3·1만세운동

고종의 급서에는 여러 가지 의문점이 있다. 당시 고종의 망명을 준비했던 사람들은 한결같이 망명 정보가 누설되어 일본이 독살한 것이라 적고 있다.

일제가 편찬한 『순종실록』의 기록도 의혹투성이다. 고종황제가 붕어한 직후 이회영의 며느리 조계진이 운현궁에 다녀온 뒤 전한 얘기는, 고종의 항일 의지를 두려워 한 일제가 궁인들을 매수, 극비리에 식혜에 독약을 타서 드시게 했으니 고종의 전신이 파열되 절명하시었고, 독약을 탄 궁인들은 행방불명되었다고 한다. 독살을 주도한 상궁들의 이름이

이회영의 며느리 조계진의 일가(1903). 조계진(앞줄 왼쪽)은 대원군의 사위 조정구의 딸이다.

외국 선교사에게까지 알려질 정도로 고종황제의 독살설은 구체적이었다. 고종의 죽음에 온 백성이 땅을 치고 통곡했다. 그때 이회영의 충격은 말로 표현할 수 없었다.

고종황제가 갑자기 승하하자 이회영은 더 이상 국내에서 할 일이 없어졌음을 깨달았다. 그는 인산國山 전에 조선을 떠나기로 결심했다. 이회영은 천도교의 오세창, 불교의 한용운, 기독교의 이승훈 등과 인산일에 전 민족적 봉기를 일으킬 것을 논의한 후 자신은 미리 출국해 해외에서 동조 거사하기로 하였다. 이회영은 아들 규학을 불러 놓고 "내가 고국을 떠났다고 절대 말하지 말 것이며, 내가 기별을 하면 가족을 인솔해 고국 떠날 것을 계획하고 매사를 주도면밀하며 황제 인산 때 절대로 가족들을 외출하지 못하게 단속을 엄히 하라"고 지시했다.

며칠 후 이회영은 전처 소생의 장남 이규룡李圭龍을 데리고 베이징으로 떠났다. 그때가 1919년 음력 1월 21일이었다. 이회영은 이때 벌써 고종의 국장 때 소요 사태가 일어날 것을 알고 있었던 것이다. 그렇지 않다면 황제의 사돈인 집안사람에게 인산 구경 가지 말라고 당부했을 리가 없다.

이회영은 서둘러 베이징으로 다시 망명길에 올랐다. 왜 고종황제의 승하 사실을 목도하고 국장 때 거대한 소요 사태가 일어날 것을 뻔히 알면서도 가족을 남겨둔 채 국외로 서둘러 떠나야 했을까. 그의 속내를 자세히 알 길은 없지만, 분명 3·1 만세운동과 같은 국내에서의 거대한 반일항쟁과 국외에 망명 중인 동지들의 운동을 서로 연락하고 협의하려 했음을 충분히 짐작할 수 있다.

국내를 떠나기 전 이회영은 민족 대표의 한 사람인 한용운과 만나 모종의 밀담을 나누었다. 이회영은 이미 만주 신흥무관학교에서 만난 바 있는 한용운과 여러 차례 상의하면서, 3·1 독립선언서 발표가 확정되면 베이징과 상하이에서 그곳 동지들에게 알려 중국 각지와 만주, 연해주 등지에서 이에 호응할 계획을 세웠다고 말했다.

국내에서의 거사는 한용운이 맡고 이회영은 미리 베이징과 상하이로 가서 독립선언 발표를 계기로 대한임시정부 수립을 세계만방에 선포하자고 하였다. 그런 다음, 항일 독립운동의 최고 지휘본부를 조직하여 일사불란한 운동의 모체가 되어 각계 운동을 지도하려 했다. 이러한 계획

아래 이회영은 언제 돌아올지 모를 베이징으로의 망명길에 올랐던 것
이다.

06 왜 임시정부 수립에 반대했는가

1919년 2월 베이징으로 재차 망명한 이회영은 그곳에서 동생 이시영과 이동녕을 다시 만났다. 당시 베이징에는 이들 외에도 조성환과 이광 등이 망명해 있었다. 그 당시에는 중국 각지에서 경쟁적으로 임시정부가 조직되는 등 3·1운동을 계기로 독립운동의 기세가 불같이 타오르고 있었다.

심지어 독립이 다 된 것처럼 생각하는 분위기까지 있었다. 이회영과 이시영·이동녕·조완구·이광 등이 상하이에 도착했을 때는 이런 분위기가 무르익고 있었다. 상하이에는 이들뿐만 아니라 다른 독립운동가도 많이 모여들었다. 상하이에 모인 독립운동자들은 국내외에서 들불같이 일어난 만세운동에 한껏 고무되어 향후 독립운동을 어떻게 지도해 나갈 것인지를 두고 활발히 토론했다. 당시 많은 독립운동자들이 임시정부 수립에 매력을 느끼고 있었다.

그러나 이회영은 임시정부 수립에 반대했다. 왜 이회영은 당시 모든 독립운동가들이 선호하고 주장하는 임시정부 수립에 반대하였을까. 3·1만세운동이 전국 각지와 해외 각지에서 들불처럼 퍼지고 곧 독립이 될 것처럼 모두가 흥분하며 다투어 새로운 정부와 지도부를 만들자고 하는 판에 왜 그는 홀로 이를 거부한다고 했을까.

우선 이회영은 지난 6년 동안 국내에 잠입해 다양한 인사들과 젊은 이들을 만나면서 국내의 인심, 특히 청년들의 정신에 뚜렷한 변화가 일고 있음을 보았고, 이것이 세계적인 추세라는 것을 이해하였다. 즉 과거와 달리 국내의 주요 인사들과 젊은이들은 이미 겉모습만 화려한 황제 중심의 봉건왕조가 아니라 어렴풋하게나마 자유와 평등, 인권사상이 담긴 민주주의 체제를 갈망하고 있었으며, 특히 다수의 군중이 몇몇 지도자를 무조건 뒤따르는 일을 기대할 수 없다는 것을 알았던 것이다. 고종황제가 붕어한 이 시점에서 어느 특정 인물을 중심으로 모이고 단결을 꾀한다는 것이 이제 불가능하며 무의미한 희생만 있을 뿐이라는 사실을 이미 지난 동학농민운동이나 의병항쟁을 통해 뼈저리게 겪지 않았던가.

그런데도 대다수의 국외 지도자들은 다년간의 망명생활 때문에 급변하는 국내 정세나 인심 동향을 모른 채 여전히 누구를 중심으로 뭉칠 것인가만 고민하고 있음을 이회영은 탄식했다. 심지어 동생인 이시영이나 평생 동지인 이동녕조차도 어떤 인물을 중심으로 단체를 만들것인가를 고민하고 있어 그와 많은 격론을 벌였고, 결국 다른 길을 걷게 되었다. 이회영은 이 문제가 장차 독립운동의 앞날에 나쁜 영향을 끼칠게 분명하므로 서둘러 해외 동지들과 만나 국내 실정을 얘기하고 의견을 나누고자 하였다.

　이회영의 당시 의견은 첫째, 군주시대가 이미 몰락하고 정세가 확연히 달라진 만큼 그에 걸맞은 새로운 운동 방향과 방법을 세워야 한다는 것, 둘째, 우리가 지닌 온 힘을 합하여 하나로 단결된 항쟁을 해야 하는 만큼 과거에서부터 내려온 지방색 또는 인물 중심의 대립을 일체 근절하여 통합의 방법을 강구하자는 것이었다.

　이처럼 이회영은 당시 3·1 독립만세운동으로 조성된 국내외의 독립운동 기운을 정부라는 행정적인 조직보다는 독립운동을 총괄하는 본부를 통해 지도하고 통합해 나가자는 주장을 펼쳤다. 그는 각 독립운동 조직이 서로 연락체계를 갖추어 실제 중복이나 마찰 없이 운동할 수 있는 조직을 만들자고 주장하였다. 그러기 위해서는 그 조직 형태가 정부라는 행정적인 조직과는 근본적으로 다른, 자유연합적 독립운동 지도부를 구성하자는 새로운 제안을 한 것이다. 이회영이 1919년 3월 하순 상하이에서 온 현순 목사와 함께 상하이로 출발해 초기 임시의정원에 가담한 것은 이런 방안을 계속 주장하기 위한 의도라 하겠다.

　1919년 4월 11일 상하이에서 열린 대한민국임시의정원 회의에서 이회영은 동생 이시영과 함께 의원으로 참가한다. 『조선혁명기朝鮮革命記』에 나오는 임시의정원 스물아홉 명의 대표 명단 중 이회영은 김동삼·이시영·조소앙·김대지 등과 함께 동삼성(만주) 대표로 분류되어 있다. 이 회의에서 현순이 이회영을 국무총리로 추천했으나 부결되었다. 이날 격론 끝에 무기명 투표에서 이승만이 당선되자 사태는 악화 일로를 겪게 되었다.

임시의정원에서 임시정부 조직을 위한 헌법을 기초하자, 이회영은 다시 손정도·이동녕·조완구·조소앙 등에게 정부가 아닌 독립운동 총본부를 조직해야 한다고 역설했다. 정부를 조직하면 벌써부터 허영과 지배욕이 운동자들 사이에 넘쳐나는 상황에서 불필요한 개인 조직을 갖고 지위와 권력을 다투는 분규가 끊이지 않게 될 것이라고 경고한 것이다. 이것이 바로 이회영이 임시정부 조직을 반대한 진짜 이유였다.

그러나 1919년 4월 당시 상하이의 상황은 이회영의 우려가 적중했음을 보여줄 뿐이었다. 그는 상하이에 도착한 이후 각 방면의 지도자들을 만나 설득하려 했으나, 이미 예견했던 대로 그들 대부분은 국내의 변화된 상황과 새 조류를 전혀 이해하지 못한 채 오직 대한제국을 대신할 새 정부 수립에만 몰두해 있었다. 내분과 알력이 눈에 뻔히 보이는 상황이었지만, 그들은 정부를 조직해야만 독립운동이 대내외에 힘을 갖게 된다고 믿고 있었던 것이다. 심지어 이회영의 진심을 오해한 일부 운동가들은 이회영이 구황제를 다시 추대하려는 보황파保皇派이기 때문에 정부 조직을 반대하는 것이 아니냐고 비난하기도 했다. 나아가 혹 자신이 임시정부의 중요 인물이 되지 못한 까닭에 반대하는 것이 아닌지 오해하기까지 하였다.

이미 상하이 임시정부를 조직, 발표한 지 보름도 안되어 서울에서 조직된 한성정부에서 상하이 임정을 취소하라는 일파가 나타나 대립이 생겨났다. 또 블라디보스토크와 간도 일대, 경상도 등의 대표들이 임정에 반대하고 합작하지 않으려는 태도를 보이고 있었다. 이회영은 이를 보고 참지 못하여 동생 이시영과 이동녕 등 임정 중심 인물들과 밤늦도록

상하이의 임시정부. 이회영은 3·1독립운동의 기운을 정부라는 행정조직보다 각지 독립운동 세력을 조정·연락하는 자유연합적 지도부 구성으로 이끌자고 주장했다.

격론을 벌이면서 때론 책상을 치며 분개하였으나, 그들의 몰이해에 분노를 느낄 따름이었다. 상하이에서 겪은 임시정부를 둘러싼 분노와 좌절 속에 이회영은 동생과 생이별한 채 그해 5월 베이징으로 돌아오고 말았다.

권력 다툼보다 자유연합적 운동지도부 구성을

임시정부는 전 독립운동가의 총의로 출발하지 못하고 이승만을 거부하는 세력과 맞서는 상태로 출범해야 했다. 그 이후로 임정에 실망한 독립운동자들은 상하이를 떠나기 시작했다. 임시의정원 의장인 이동녕·재무총장 이시영·외무총장 박용만을 비롯해서 신채호·조완구·이광·조성환·김규식 등이 베이징으로 돌아왔다. 특히 대통령으로 위촉된 이승만이 미국의 한 주로 편입되길 바란다는 외교청원론을 계획했다는 사실이 알려지면서 적지 않은 반발이 일어났다.

1921년 4월 17일 베이징에서 개최된 군사통일회의는 임정에 대한 조직적 반발 가운데 가장 큰 규모였다. 오랫동안 이승만과 반목을 해온 박용만은 임시정부의 외교총장을 맡고 있었음에도 불구하고, 베이징에 와서 임시정부를 반대하는 데 앞장섰다. 그는 날마다 이회영을 찾아와 이승만과 안창호의 결점과 과오를 지적하면서 자신에게 동조할 것을 종용하였다. 그러나 이회영은 그에게 조용히 이렇게 충고했다.

그대의 운동 이론으로 본다면 운동조직으로서 정부라는 형태가 문제되는 것이 아니라 그 인물들이 마음에 아니 맞는다는 것이니, 그것은 피차에 마찬가지일 것이다. 그 몇 개인이 자기의 마음에 안 맞는다 하여 정부를 배격하는 것은 냉정한 이성적 판단을 잃은 한갓 감정적 행동일 뿐이 아니겠는가.

그러나 독선적이며 이기적인 영웅주의에 사로잡혀 있었던 박용만에게 그의 충고는 제대로 들리지 않았다. 박용만은 임정을 인정하지 않거나 임정의 정치노선에 불만을 가진 독립운동 세력들을 한자리에 모아 1921년 군사통일회의라는 연합단체를 만들었다. 임시정부 타도를 목적으로 하는 군사통일회의에서 참가자들은 "조국의 독립은 군사운동이 아니면 해결할 수 없고, 군사의 통일이 없으면 군사운동의 성공은 어렵다"는 내용의 선언서를 발표하는 한편, 상하이 임정과 임시의정원을 부정하고 한성정부의 법통을 이은 '대조선공화국' 건설을 천명하였다. 대조선공화국의 대통령에는 이상룡이, 국무총리는 신숙, 내무총장에 김대지 등을 내정하는 등의 조각組閣이 발표되었다. 이어 산하에 박용만을 총사령관으로 하는 대조선국민군을 두기로 하였다. 군사통일회의의 주요 주창자인 신채호가 이승만의 위임통치론을 비판하는 '성토문'을 발표하면서 절대독립론, 무장독립론, 민족혁명론을 제기하였다. 이 선언문에는 김창숙과 김원봉 등을 비롯한 54명이 서명하였다.

반임정 그룹의 이러한 동향에도 불구하고, 당시 베이징에 있던 이회영은 군사통일회의나 대조선공화국에 일체 참여하지 않았다. 이 회의에 참가하도록 종용받았었지만, 모두 거부한 것이다. 물론 이회영도 임정의 외교독립론에 불만을 갖고 있었으며, 독립은 무장투쟁으로만 이룩될 수 있다는 그들의 주장은 이회영의 평소 생각과 같았다. 이회영은 그들이 대안으로 내세운 '대조선공화국' 건설이나 정부를 조직하는 데 반대했다. 이는 또 다른 감투싸움을 낳을 것이라고 판단했기 때문이다.

이회영의 아들 규창은 후일 김종진과의 대화 내용을 듣고 부친이 동생인 이시영이나 오랜 벗인 이동녕·조완구 등과 임시정부에 대한 의견과 행동에 차이가 있음을 알게 되었다고 회고하였다. 당시 상하이 임정에서 특파된 남파南波 박찬익이 근 6개월 동안 베이징에 머물며 이회영을 설득하였는데도 그는 끝내 고집을 꺾지 않았다. 이회영은 박찬익을 따라 1923년 상하이로 간 이시영이나 이동녕·조완구와는 이후 평생 서로 다른 길을 걷게 되었다. 이때만 해도 이회영은 아나키즘Anarchism(자유연합주의 또는 자유공동체주의)에 대해서 잘 알지 못했다. 그럼에도 이때 이미 정부 형태보다는 각 조직이 자유롭게 협동·협력하여 연합전선을 펼 수 있는 운동본부 조직을 주장한 것은 그에게 선천적인 아나키스트Anarchist의 기질이 있었음을 보여준다.

07 1920년대 베이징, 새로운 사조의 모색

베이징, 망명객들의 사랑방

이회영은 베이징 자금성 북쪽 고루鼓樓 근처인 후고루원後鼓樓園 소경창호 동小經廠胡洞의 가옥 한 채를 빌려 살았다. 1920년 초기 이회영의 집은 수 많은 독립운동가가 북적거리는 사랑방이 되었다. 베이징에 온 독립운동 가들은 일단 이회영의 거처에서 몇 달을 보낸 후 새로운 길을 찾아 떠나 는 것이 상례였다. 당시 독립운동을 하는 이들 사이에는 "우당 선생을 뵈었는가, 우당 댁에서 며칠이나 묵었느냐" 하는 말이 마치 독립운동 하는 이의 표징처럼 오갈 정도였다고 한다. 말 그대로 그의 베이징 거처 는 한국 독립운동의 근거지요, 의탁처요, 요람이었던 것이다.

1920년대 초기 베이징에 머물고 있던 이회영과 김창숙, 신채호는 독 립운동 3거두로 불리었다. 나이도 이회영이 두 사람보다 12~13세 많아 맏형이지만, 성품이 온후하여 늘 고집부리는 두 사람의 이견을 조율하 는 노릇을 하였다. 1921년 4월 베이징에 올라온 류자명도 이즈음 그의

베이징대학 법학부의 옛 모습. 중국 아나키스트들과 한인 망명객들이 만났던 곳이다.

집에서 머물렀다. 류자명의 소개로 정화암과 이을규·이정규 역시 10월 경 이회영을 만나 자주 교류하였다. 이들은 모두 이회영의 독립투쟁 방략을 이은 후계자들인 동시에 사상적 공감을 나누며 생사를 함께한 평생 동지가 되었다. 이때부터 이른바 재중 한인 아나키스트 그룹의 역사가 시작된다.

베이징에서 이회영과 자주 만났던 인물들로, 이규창이 기억하는 사람들을 적으면 그대로 한국 독립운동 인물사가 된다.

김규식·신채호·김창숙·안창호·조소앙·조성환·박용만·이천민·김원봉·이광·송호성·홍남표·유석현·어수갑·류자명·이을규·이정규·정화암(정현섭)·김종진·소완규·임경호·한진산·이정열·한세량·최태연·박숭병·성준용·윤기섭·고운흥……

그리고 국내에서는 이득년·유진태·유창환·김진호·윤복영·홍증식·정인보·변영태·이관직 등이 수시로 드나들었다.

이규창, 『운명의 여진』

김규식·김창숙·안창호·조소앙은 민족주의를 고수했고, 홍남표와 성주식은 공산주의자가 되었다. 그리고 류자명·이을규·이정규·정화암·김종진은 아나키스트가 되었다. 또 김원봉과 유석현은 일제를 공포에 떨게 했던 의열단 지도자들이었으니 이회영의 베이징 거처는 한국 독립운동사의 모든 노선과 온갖 성향의 독립운동가들이 나눠지고, 얽히고설키는 인연의 장소가 되었다. 게다가 후고루원호동 소경창 골목 가까이에는 북양군벌 단기서段祺瑞의 부관으로 일하는 김달하가 살고 있었고, 걸어서 약 20분 거리에 신채호가 머물던 관음사觀音寺가 위치해 있다. 따라서 이들은 아침저녁으로 자주 만나 독립운동의 대소사를 논의할 수 있었다.

당시 이회영의 후고루원 거처에 함께 기거했던, 『상록수』의 저자 심훈도 그의 친절한 접대를 받으며 한 달간 묵었다. 심훈이 연극 공부를 하러 프랑스에 가고 싶다는 말을 전하니, 이회영이 강경히 반대하면서 "너는 외교가가 될 소질이 있으니 우선 어학에 정진하라"고 간곡히 부

후고루원호동. 이회영의 베이징 첫 거처였던 이곳에서 걸어서 20분 거리에 신채호가 머물던 관음사가 있다.

탁하였다 한다. 별 연고도 없는 청년까지 세심히 배려했던 이회영은 그러나 이런 생활 태도 때문에 곧 생활비가 바닥나게 되었다. 자기 집에 잠시 있다 떠난 청년에게 통김치를 가져다줄 정도였으니, 그의 집에 기거하는 운동가들에게 어떻게 정성을 다했을지 짐작할 만하다. 아들 이규창은 당시 상황을 자세히 기억하고 있다.

국내나 국외에서 독립운동을 하신다는 분들은 쉴 사이 없이 집에 와 머물렀다. 그뿐인가. 매일같이 10명, 20명 혹은 30, 40명 정도 되는 분들이 점심과 석식을 하게 되는데, 하루 이틀도 아니요 장구한 세월을 접대

하게 되니 인력과 경비는 얼마나 들었을 것인가. 짐작만 하여도 어마어
마하였다. …… 모친을 위시하여 형수와 송동집 아줌마(이회영의 장남 규룡
의 소실)가 있었는데 그 노력을 어찌 일일이 말할 수 있겠는가.

이규창, 『운명의 여진』

그러니 곧 생활비가 떨어져 자주 이사를 해야 했다. 1922년 봄 무렵
서직문西直門 근처의 이안정二眼井이라는 다소 큰 집으로 옮긴 일가는 집
의 후원에 채소를 심어 반찬으로 이용하기도 했다. 하지만 몰려드는 손
님을 대접하기에는 언 발에 오줌 누기였다. 어쩔 수 없이 인근 상가에서
외상으로 물건을 살 수밖에 없었다. 그러나 근 2년 동안 갚지 못한 돈이
2,000~3,000원에 이르러 식구 모두 곤욕을 치러야 했다.

2년 반을 쫓아다녀도 외상값을 받지 못하자, 중국 상인들은 결국 자
신들끼리 빚을 탕감해 주기로 결정하고 이회영을 찾아왔다.

동양귀東洋鬼(일본)의 침략으로 우리나라까지 와서 독립운동을 하는 분
께 외상값을 탕감하는 방법으로 도움을 준 것으로 생각하려오. 과거 우
리가 좀 심하게 대한 것을 용서하시오.

외국의 상인들에게 누를 끼친 것이었으나, 망국민의 신세로서 어
쩔 도리가 없었다. 이때부터 가난은 이회영 일가에게 하나의 숙명이 되
었다.

베이징대학, 아나키즘과 에스페란토의 선전장

이회영이 베이징에 머물던 1920년대 초반 무렵, 베이징은 가히 아나키즘의 선전장이라 불릴 만큼, 자유와 평등 사조가 풍만하였다. 그 가운데에서도 베이징대학교는 그 '중심의 중심'이었다.

베이징대학은 1898년 당시 청조의 개화파인 캉유웨이康有爲와 량치차오梁啓超에 의해 연경대학당으로 출발했다. 이 대학은 신해혁명 이후인 1912년 3월 차이위안페이蔡元培가 교육총장에 임명된 이후 국립 베이징대로 명칭을 바꾸고 교육개혁을 단행하기 시작했다. 그가 1916년 대학 교장으로 임명된 이후 대학개혁에 착수하였고, 1919년부터 여자의 입학을 허용해 남녀공학이 되었다.

차이위안페이는 진보적 사상가인 천두슈陳獨秀를 문리과 학장으로 임명한 데 이어 리다자오李大釗와 후스胡適, 쳰쉬안퉁錢玄同 등 당대 신사조 지식인이라 할 인재를 대거 초빙하였다. 그리고 대문호로 일컬어지는 루쉰魯迅을 사범대 교수로 초빙하고 그의 동생이며 문필가인 저우쮜런周作人·지엔런建人 형제 등과 함께 이른바 신문화운동을 일으키기 시작했다. 나아가 저명한 생물학자이며 아나키스트인 리스청李石曾과 교육자 우즈후이吳稚暉 등과 함께 세계어로 일컬어지는 에스페란토를 보급하고 아나키즘을 선전하는 일을 주도했다.

당시 베이징대학의 지적 움직임을 알 수 있는 자료로는 『베이징대학일간』과 『베이징대학학생주간』, 그리고 『신청년』 등을 들 수 있다. 『베이징대학일간』에는 1919년 10월 21일부터 '세계어학회' 모임 광고가

중국 신문화운동을 일으킨 베이징대학의 차이위안페이 총장(앞줄 왼쪽 세 번째)와 리다자오 교수(네 번째)

정기적으로 실린 것으로 보아, 에스페란토에 대한 대학 교수들과 학생들의 관심이 매우 컸음을 알 수 있다.

당시 베이징대 철학과 교수로 있던 리다자오는 베이징 대학생 및 베이징 지역 진보적 청년들과 정기적인 토론회를 가졌다. 토론회에는 중국 학생 이외에도 한인 청년 김가봉 등이 참가했다는 기록이 있다. 그리고 조선사회당 소속의 한인 청년 김일학·김상지 등 7인이 평소 리다자오의 글을 읽고 흠모하여 자주 왕래하였으며, 리다자오의 지시에 따라 향산香山에 파견되어 비밀공작에 참여했다. 또한 조선사회당 소속이자 베이징대학 청강생이던 중국 국적의 한인 왕동명王東明(본명 王申憲)도 리다자오는 물론 베이징대학의 중국인 아나키스트 등과 교류하며, 동시에 상하이 임시정부와도 왕래하면서 한글 선전물을 전달하는 일을 맡았다고 전한다. 이처럼 당시 베이징대학에는 아나키스트가 마르크스주의자보다 훨씬 많았으며, 크게 활약하고 있었다.

중국의 대문호 루쉰. 에스페란토어에 관심이 많았다.

이와 함께 베이징에서는 청년 학생들을 중심으로 에스페란토에 대한 관심이 크게 일어났다. 에스페란토에 대한 본격적인 관심은 1919년 10월 대학 내에 세계어연구회가 생기면서부터다. 연구회는 차이위안페이 교장이나 주임교수의 인가를 받아야 회원으로 입회할 수 있도록 규정을 마련했다. 특히 사범대 교수인 루쉰은 일본에서 추방된 에스페란토 전문가이자 맹인 시인인 에로센코V. Eroshenko(1889~1952)를 베이징대학에 초청하였다.

에로센코는 일본에 장기 거주하며 사회주의동맹 회의에 참석하고 시위에 참여하다 1921년 6월 일본 정부에 의해 강제 추방되었다. 일본에서의 그의 에스페란토 교육과 활동은 일본 아나키스트들에게 큰 감명을 주었고, 중국에서도 많은 사람들에게 영향을 끼쳤다. 그는 1922년 2월 24일 차이위안페이의 추천으로 베이징으로 건너와 루쉰의 집에 약 1년간 머물면서 베이징대학에서 에스페란토 강의를 담당했다. 그의 강

베이징 오사대가(五四大家)에 있는 베이징대학 구지. 현재 5·4운동기념관으로 활용되고 있다.

의에는 수강자가 500명씩이나 몰릴 정도였는데, 이때 중국의 아나키스트와 공산주의자와의 합작을 시도했다. 그는 "모든 사회주의자는 에스페란티스토여야 하고, 모든 에스페란티스토는 사회주의자이어야 한다"는 유명한 말로 중국인들에게 세계어와 세계시민의식을 일깨워 주었다.

에로센코는 또 강연을 통해 러시아혁명 과정에서 있었던 볼셰비키 정권의 전제성과 폭력성을 통렬히 비난했고, 지식인을 대거 숙청한 데 대해 공격했다. 이 맹인 시인은 특히 정화암과 이을규·정규 형제 등 젊은 한국 유학생들에게 깊은 영향을 끼친 인물로 알려져 있다. 정화암의 회고는 루쉰과 에로센코가 한인들에게 끼친 영향의 일단을 짐작케 한다.

베이징에 있을 때지. 러시아인으로 장님인 에로센코라는 시인이 있었지. 아주 유명한 시인인데, 그 사람이 일본으로 갔다가 일본에 더 있지 못하게 되니까 베이징으로 왔던 것입니다. 베이징대학에서 교편을 잡고 있었지요. 이때 베이징대학에는 『아Q정전』으로 유명한 루쉰이 역시 교수로 있지 않습니까? 이 두 교수가 무정부주의자, 즉 아나키스트의 영향을 주었는데, 우리도 그들과 교류하다가 거기에 젖었지요.

특히 에로센코는 볼셰비키 혁명 이후의 러시아 현실에 대해 많이 말해주었어요. 볼셰비키 혁명 이후에 크론슈타트라는 곳에서 수병들이 반란을 일으킨 사실, 또 우크라이나에서 농민들의 반란을 탄압하고 학살한 사실을 자세히 들었어요. 여기서 우리는 '이 세상은 그렇게 간단한 것이 아니구나' 하고 새삼 깨달았지요. 그래 자연히 아나적인 사고방식에 하루하루 깊이 젖어들게 되었지요.

이정식 면담. 김학준 해설, 『혁명가들의 항일회상』

러시아 시인 에로센코를 통해 러시아혁명 과정에서 일어난 볼셰비키 정권의 전제성과 폭력성을 깨닫게 된 한인들은 더 이상 공산주의 사상에 동조할 수 없었다. 특히 이을규와 이정규 형제는 누구보다도 에스페란토에 대한 지대한 관심을 보이며 루쉰과 에로센코를 직접 찾아가 교류했다.

이을규는 1922년 10월경 베이징에 와서 우당 이회영의 집에 머물면서 루쉰과 에로센코, 대만의 혁명가인 판번량范本梁 등과 교유했다. 동생 이정규는 차이위안페이와 교수 리스청의 도움으로 베이징대 경제학과

러시아 에스페란토 맹인시인이자 아나키스트인 에로센코(앞줄 가운데)와 루쉰. 두 사람은 이을규·이정규·정화암 등 한인들과도 만나 사상교류를 하였다.

2학년에 편입할 수 있었다. 『루쉰일기魯迅日記』에 의하면, 1923년 3월 18일 이정규가 루쉰의 집을 찾아왔다고 한다. 이정규가 중국말이 서툴러 두 사람은 일본어로 대화를 나누었다. 루쉰은 이정규와의 대화를 통해 조선에 대한 일제의 학정 상황과 재중 한인들에 대해 이해하게 되었다고 한다. 이후 이정규는 동창생인 전쿤산陣昆山 등과 함께 베이징세계어전문학교 설립에 적극 참여하여 부속 여명중학교의 교사로 활동했다.

이정규가 참여한 세계어전문학교는 1922년 5월 서역 병마사 남탑련 골목에 설립된 것으로 보인다. 일제 첩보요원의 보고문에 따르면, 이 단체는 천성수陳聲樹와 천쿵싼陳空三, 그리고 러시아인 등이 주도하고 있었으며, 약 60여 명의 학생들이 참가하고 있었다고 한다. 이 밀정의 보고를 보면, 에스페란토 학회가 제국주의 침략주의에 반대하는 한·중·일 지식인들의 정보 교류처로 역할하고 있었음을 알 수 있다.

일전에 일본에서 중국으로 건너온 공산당 근등광近藤光 및 고려인 이정규·이을규 등을 환영하기 위해 일찍이 세계어학회에서 다과회를 열었는데, 모인 사람은 러시아인 1명, 무정부당 주겸지, 진우금, 유과항, 여부주, 진성수, 관익지, 진덕영, 풍성삼, 진공삼 등 10여 명에 이른다. 가장 먼저 중국인이 환영사를 하였고 중국 무정부당의 각지의 상황을 알렸으며, 계속해서 한·일 양국의 사람이 답사를 하였고 그리고 일본과 각국의 나쁜 감정은 모두 귀족군벌의 특수 권력이 조성한 것으로 향민과는 아무런 관련이 없다는 것을 상세히 설명하였다. 이로써 청년들이 호조하기를 바랐다. (……) 이정규는 대략 다음과 같이 말하였다. "고려의 모든 국민들은 국토와 주권을 회복하고자 하는 마음을 가지고 있기 때문에 희생을 아끼지 않으면서 해방을 도모하고 있으므로 한·중·일의 청년들이 대동단결하여 진행하기를 가장 바란다." 또한 한국에서 경험한 역사를 말하는 것으로 마쳤다.

葛懋春·蔣俊·李興芝 編, 『無政府主義思想資料選』

이 밖에도 베이징에 머물던 많은 한인 유학생들이 루쉰과 에로센코와 교류한 것으로 보인다. 당시 일본인 아나키스트로 에스페란토를 배

우고 있던 야마가 타이지山鹿泰治가 쓴 베이징 생활에 대한 글은 이런 단
면을 보여준다.

(에로센코가) 오늘은 강의가 없는 날이고, 저우쭤런(周作人, 루쉰의 동생)
의 거처에 살고 있다고 한다. 수위가 이름을 물으니, 곧바로 고려인 최양
이라고 대답했는데, 이 이름이 그 후 그의 통칭이 되었다. 방문해보니 커
다란 저택 부지의 여러 건물을 지난 곳의 한 건물에 에로씨가 있었다. 수
려한 금발은 옛날 그대로였고 오랜만이기는 했지만, 내 목소리를 잘 기
억하고 있었다. 저우쭤런도 나와서 유창한 에스페란토로 환영해 주었고
(……) 운동의 상황을 물으니 베이징대학 안에서도 아나키즘은 성황이어
서 학생신문『노력보努力報』는 아나키스트의 기관지처럼 되었다고 한다.
또한 학생 그룹의 중심은 진곤산陣昆山으로 대학에 가까운 토오치칸에 모
여서 공동생활을 하는 모양이었다.

向山 孝,『山鹿泰治, 人とその生涯』

이처럼 루쉰과 에로센코는 에스페란토를 통해 이을규·정규 형제를
비롯해 베이징에 머물던 많은 한인 유학생들에게 항일 민족의식에서 한
걸음 나아간 세계주의, 세계시민의식을 불어 넣어주었다. 이정규는 에
로센코와의 교류를 통해 그에게 감화를 받아 아나키스트가 되었다고 후
일 공판에서 진술할 정도로, 그 영향은 매우 큰 것이었다. 에로센코 역
시 이후 1924년 10월경 동아일보「에스페란토 고정란」에「세계의 평화
(1~3)」를 연재할 정도로 한국에 깊은 애정을 갖고 있었다.

중국의 아나키스트들·크로포트킨 사상과의 만남

차이위안페이를 비롯해 리스청, 우즈후이 등 중국의 아나키스트들은 이회영을 비롯해 신채호나 정화암 등 한인 망명객들과도 친분이 두터웠던 것으로 알려져 있다. 1915년 이회영의 권유로 베이징에 온 신채호는 숭문문崇文門 밖 보타암普陀庵에 거주하면서 베이징대 도서관을 자주 이용하며 『조선사』 집필을 구상했다. 또 베이징의 권위 있는 신문인 『중화보中華報』와 『중화시보中華時報』에 글을 투고했다. 이 무렵 그는 베이징대학교에서 강의하고 있던 저명한 아나키스트인 리스청과 교유했다. 두 사람의 우의가 매우 깊었다고 한다.

이규창의 회고에 따르면, 신채호는 류자명의 주선으로 리스청과 만나게 되었다. 신채호는 그 인연으로 리스청의 후원을 받아 베이징대학 도서관에서 사고전서四庫全書를 연구할 수 있었으며 생활난에 시달릴 때 관음사의 중이 되어 역사연구를 계속할 수 있었다.

리스청·우즈후이 등 중국 아나키스트들과 재중 한인들의 만남과 교류는 이후 중일전쟁 시기를 비롯해 해방 이후에도 계속된다. 이들과의 교류를 통해 한인들이 접하게 된 새로운 사조는 바로 러시아 혁명가이며 무정부공산주의 사상을 창시한 크로포트킨Kropotkin의 사상이다. 크로포트킨의 상호부조론은 1920년대 초 당시 베이징에 머물던 한인 독립운동가들에게 아나키즘 사상을 일깨워준 또 하나의 계기가 되었다. 이회영을 비롯해 대표적인 아나키즘 이론가인 신채호와 류자명을 통해 이를 확인할 수 있다.

신채호가 베이징에서 발간한 『천고』 1호

신채호는 1921년 1월 『천고天鼓』를 창간했는데, 이 잡지 1호는 일본 제국주의의 야만성을 비롯해 한·중 항일연합전선의 필요성과 일본 제국주의의 필연적 패망 등의 의견을 담고 있다. 그리고 외교 독립 대신 총칼과 폭탄을 통한 무력 독립투쟁을 적극 주장하고 있다. 그러나 그는 공산주의 이념이 진실로 진리에 부합하지 않을 뿐 아니라 러시아의 무분별한 진출도 경계해야 한다면서 공산주의에 부정적이었다.

이어 그는 2월에 발간된 『천고』 2호에 남명南溟이라는 필명으로 「크로포트킨의 죽음에 대한 감상」이란 글을 실었다. 그는 자신이 아직 크로포트킨과 아나키즘에 대해 깊이 있게 연구한 것이 아니라는 사실을 인정하면서도, 다른 한편으로 일문이나 중문 서적을 통해 약간의 지식을 가지고 있음을 드러냈다.

이 글에서 신채호는 크로포트킨이 "생물계의 상호부조의 뜻을 널리 밝혀서 다윈의 생존경쟁설과 싸웠다"며 그 의의를 높이 평가하였다. 그는 레닌의 사상과 크로포트킨의 사상, 즉 볼세비즘과 아나키즘이 서로 다른 것으로 인식하면서 볼세비키당의 정치를 전제 무단정치로 표현하고 있다. 얼마 후 신채호는 크로포트킨 사상의 열렬한 옹호자가 되었다.

러시아 아나키스트 크로포트킨(왼쪽)과 일본의 저명한 아나키스트 오스기 사카에.

그는 크로포트킨의 「청년에게 고하노라」란 논문의 세례를 받자면서 세계 5대 사상가 가운데 석가·공자·예수·마르크스와 더불어 크로포트킨을 지목하였을 뿐만 아니라, 자신의 민족해방운동의 새로운 이론적 기초로 삼았다.

류자명은 1921년 4월 만주를 거쳐 베이징에 도착했는데 이때 이회영을 만나게 된다. 그는 이미 아나키즘에 경도되어 있었다. 베이징으로 오기 전 서울에서 일본의 저명한 아나키스트인 오스기 사카에大杉榮와 도쿄제국대학의 교수인 모리도 다츠오森戸辰男의 글을 읽고 감명을 받은 터였다. 무엇보다 류자명을 아나키즘에 경도되게 만든 이론은 크로포트킨의 '상호부조론'이었다. 이회영은 그가 아나키즘에 심취해 있다는 사실을 알고 그를 동지로 아끼고 동생처럼 돌봐줘 매우 친밀하게 지내게 되었다.

류자명은 크로포트킨의 생애와 사상이 자신에게 끼친 영향을 고백하면서 나아가 그는 크로포트킨 대표 이론인 '상호부조론'을 통해 일본 제국주의 침략을 반대하는 이론적 근거로 삼았다. 그의 생애를 회고한 『한 혁명가의 회억』을 집필하는 데 큰 영향을 미쳤다고 후술했다.

바로 이 무렵이 이회영과 신채호·류자명 등 한인들이 베이징에서 아나키즘을 접하게 되는 때이다. 이처럼 1920년대 초 당시 베이징에 머물던 한인 독립운동가들은 중국 아나키스트들과의 교류와 에스페란토 교육, 크로포트킨의 상호부조론을 통해 아나키즘 사상을 수용하게 된 것이다.

러시아 '혁명의 배신'에 대한 실망

신진 사조의 선전장인 베이징에서 새로운 사상을 접할 무렵, 이회영은 여전히 향후의 독립운동 노선 설정에 고민하고 있었다. 그는 상하이 임시정부나 베이징의 대조선공화국에도 참여하지 않은 채, 홀로 진로를 모색하기 위해 절치부심했다. 그러던 중 1921년 5월 러시아에 갔던 조소앙이 베이징에 도착했다는 소식을 듣고 즉각 그를 찾아 나섰다.

이회영 역시 새로운 혁명 사조라는 사회주의에 지대한 관심을 갖고 있었다. 게다가 1917년 러시아 사회주의혁명이 성공하였다는 소식을 접하고, 또 많은 독립운동자들이 '식민지 민족해방을 지원하려는' 러시아 레닌정부에 기대하는 바가 컸으므로 궁금증을 갖는 건 당연했다.

하지만 사회주의 사상에 대한 정확한 이론을 알지 못했고, 사회주의 러시아가 어떤 상황인지도 전혀 몰랐다. 더군다나 러시아 민중이 차르 절대왕정 체제를 무너뜨린 것처럼, 조선 민중이 볼셰비즘으로 무장하여

조소앙·신채호·류자명. 1921년 러시아혁명을 목격하고 돌아온 조소앙으로부터 혁명의 배신을 전해들은 이회영과 신채호·류자명 등은 공산주의에 대한 환상을 버리게 되었다.

야만 강력한 일제를 타도할 수 있을지도 알 수 없었다. 베이징에서 열린 군사통일회의에는 참석하지 않았던 이회영이 조소앙의 내방을 기다리지 않고 즉각 찾아갔다는 것은 그가 사회주의에 얼마나 관심이 많았는지 잘 보여주는 대목이다.

조소앙은 1920년에 덴마크, 단치히, 리투아니아, 에스토니아를 경유해 러시아의 상트페테르부르크에 도착해 러시아 혁명기념대회에 참석했다. 그리고 이듬해 2월까지 러시아 각지를 시찰하고 한인들이 많이 살고 있는 이르쿠츠크와 치타 등지를 거쳐 베이징으로 귀환했다. 이회영은 조소앙에게 국제 정세 및 혁명 이후의 러시아 상황에 대해 듣기 위해 그를 찾았던 것이다.

그는 먼저 차르 정권 대신 노동자·농민에 의한 정치로 평등사회를 이룩하고 있다는 러시아의 정치사회 상황에 대해 이렇게 묻는다.

그 냉혹 무자비한 독재 정치가 과연 만민에게 빈부의 차이가 없는 균등한 생활을 보장한다는 이상을 성취할 수 있을지는 모르나, 그처럼 자유가 없는 인간 생활이 가능할까? 그리고 인간 생활의 발전을 기대할 수 있을까? 그들이 말하는 평등 생활이 하루에 세끼 밥을 균등히 주는 감옥생활과 무엇이 다른가?

그러한 독재권을 장악하고 인민을 지배하는 정치는 옛날의 절대왕권의 정치보다도 더 심한 폭력 정치이니 그러한 사회에 평등이 있을 수 없으며, 마치 새 왕조가 세워지면 전날의 천민이 귀족이 되듯이 신흥 지배계급이 나타나지 않겠는가?

그러나 조소앙에게서 들은 러시아혁명의 실상은 충격적인 것이었다. 조소앙은 러시아 각지를 돌며 목격한 민중의 참상을 자세히 전한 후, 이회영의 질문에 다음과 같이 답변했다.

볼셰비키들은 그러한 현실이 과도기에 일어나는 피할 수 없는 현실이며 혁명이 제자리를 잡고 나면 자연히 해소되는 문제라고 변명한다.

조소앙이 전한 '노동계급의 천국' 혁명 러시아의 참상은 이회영에게 공산주의에 대한 호기심과 기대를 버리게 했다.

실제로 러시아 민중과 아나키스트들의 헌신적인 투쟁으로 혁명에 성공한 뒤 권력을 장악한 볼셰비키 세력은 비밀경찰을 통해 점차 공포정치를 시행해나갔다. '러시아혁명의 배신'은 우크라이나 농민자위 조직이며 혁명 동지인 마프노Nesto Ivanorich Makhno의 본부를 공격한 데 이어 대대적인 아나키스트 체포 명령으로 시작되었다. 1921년 2월 크로포트킨이 심장 질환으로 사망하자마자, 볼셰비키들은 3월에 개최된 러시아 공산당 제10차 대회에서 아나키스트 세력의 축출을 공식 결의하였다. 이어 레닌 정권은 3월 크론슈타트에서 일어난 수병들의 봉기를 잔혹하게 진압했다.

공산 러시아의 참상과 탄압 사실이 전해지면서 공산주의에 대한 실망과 반대 움직임도 본격화되었다. 러시아의 막시모프Gregor Maximoff나 볼린아이헨바움V.M.Eichenbaum, 엠마 골드만Emma Goldmm을 비롯해 일본의 오스기 사카에 등 아나키스트들은 레닌 정권의 탄압 사실과 러시아 민중의 기아 현실을 목격한 후 반공산당 운동에 앞장섰다. 이들은 당시 인식을 바탕으로『아나키스트가 본 러시아 혁명』이나『혁명의 실패』등 여러 저서를 통해 공산주의 정권의 공포정치와 이론의 한계를 강력히 비판하였다.

중국과 한인 아나키스트들도 마찬가지였다. 상하이 사회주의청년단에 가입한 중국의 청년 아나키스트들 역시 외국어학사에서 러시아어를 공부한 후 부푼 꿈을 안고 '사회주의 혁명의 조국' 러시아로 떠났다. 그러나 그들 중 대부분은 혁명 러시아의 현실에 실망한 나머지, 곧 귀국하여 볼셰비키 반대운동에 앞장섰다.

적색 러시아의 '혁명의 배신'은 단지 러시아 민중의 고통으로만 그치지 않았다. 레닌 정부에서 약소민족의 해방운동을 돕는다는 명분으로 지원한 100만 루블에 해당하는 이른바 '레닌 자금'으로 인해 독립운동자들 사이의 횡령사건이 벌어지는 불상사가 발생했다.

게다가 1921년 6월 한국 독립운동사상 일대 참변이라 할 흑하사변이 러시아 동북부인 자유시에서 일어났다. 애초 공산 러시아군(적로군)은 왕당파 백계 러시아군(백로군)을 몰아낼 목적으로 한인 독립군부대를 자유시로 불러들였다. 그러나 한인 독립군 부대의 무장을 두려워한 소비에트 정부는 이 약속을 배신하고 무장해제를 요구하면서 한인 빨치산부대로 하여금 대한독립군을 공격하게 한 것이다. 이러한 '동족 간의 참극'으로 인해 대한독립군의 피해는 사망 272명, 익사 31명, 행방불명 250명, 포로 917명이 될 정도로 치명적이었다. 더욱이 독립군 지휘관인 이청천과 채영·오광선 등 간부급 84명은 중범자라 하여 이르쿠츠크군 형무소로 이송되어 특별 수용되었고, 나머지 병사들은 탄광과 벌목장에 노역병으로 보내지는 수모를 겪어야 했다.

이처럼 혁명 러시아의 배신은 이회영뿐 아니라 사회주의 러시아를 동경했던 많은 독립지사들을 분노케 하였다. 이회영처럼 조소앙에게서 '혁명의 배신' 소식을 전해 듣고 러시아로 가려던 계획을 포기했던 정화암 역시 1921년 10월경의 당시 상황을 이렇게 증언하고 있다.

…… 결국 나(정화암)와 이을규·이정규 세 사람만이 러시아행을 결정하고…… 베이징에서 우리는 류자명을 만났다. 그는 우리의 러시아행을 반대했다. 얼마 전 조소앙이 서유럽을 돌고 왔는데, 상하이공산당과 일크스크 공산당 사이에 심한 충돌이 있어 일크스크파의 소개로 러시아를 가다 상하이파에 발각되거나 일크스크파에 발각되면 서로 죽이는 참상이

벌어질 것이라고 했다. 잘못하면 무의미한 죽음을 당하게 된다는 류자명의 말을 듣고 조소앙에게 직접 확인한 바 사실로 판명되었다. 공산당 내부의 암투가 치열하다는 것을 알고, 더구나 류자명의 만류를 뿌리치면서까지 러시아로 가야할 필요가 없다는 데 의견을 모았다. 그리고 그대로 베이징에 머물게 되었다.

정화암, 『어느 아나키스트의 몸으로 쓴 근세사』

사상적 번민 끝에 아나키즘을 만나다

공산 러시아의 현실과 볼셰비키 정권의 혁명 배신을 알게 된 이회영은 한층 더 심각한 고민에 빠지게 되었다. '신경과민이 될 정도'의 사상적 번민을 거듭하면서 그는 세계 정세나 다른 나라의 힘을 이용하려는 모든 운동 전략에 대해 근본적인 성찰을 하게 되었다. 고민 끝에 그가 내린 몇 가지 판단은 우선 독립운동이 단시일에 목적을 달성할 수 없으므로 장기간에 걸쳐 힘을 기르고 기회를 기다리며 또 만들어야 한다는 것, 둘째는 무력과 인재를 양성해야 하는데 그 핵심적인 정신요소로서 이론을 갖추어야 한다는 것이다. 더욱이 근래 들어 사회주의 조류가 급격히 밀려 들어와 그 색채를 뚜렷이 드러낸 만큼, 이회영은 독립운동에 대한 근본적인 재검토와 반성을 하지 않을 수 없었다. 1919년 임시정부 수립에 반대하며 시작된 운동의 근본 방략에 대한 이회영의 사상적 번민은 1921~1922년 사이에 최고조에 달하고 비로소 자리가 잡혀가기 시작했다.

이회영이 독립운동의 방향 설정을 위해 확고한 사상적 이론과 정책을 세워야 한다고 느끼게 된 또 다른 계기는 만주 무장투쟁 세력 간의 알력과 갈등을 직접 목격했기 때문으로 보인다. 『아나키스트 이회영과 젊은 그들』을 저술한 이덕일은 누구보다 만주 독립운동 단체의 단합에 힘썼던 그가 겪은 절망과 반성에 대해 주목했다. 그의 설명에 따르면, 이회영은 1922년경 베이징과 만주를 오가며 독립운동단체를 하나로 묶는 작업에 착수했다.

1922년 2월, 8개 독립운동 단체와 9개 독립운동 단체가 모여 팔단구회八團九會 회의를 열어 '대한통군부(이하 통군부)'가 결성되었는데, 이 회의를 주도한 인물이 이회영이었다. 또한 같은 해 8월 23일, 환인현 마권자馬圈子촌에서 열린 더 큰 규모의 남만한민족 통일회의도 이회영이 주재한 것으로 전하고 있다. 이 회의에서는 각 단체와 각 기관의 명의를 취소하고 무조건 통일제도에 복종한다는 것과 명칭을 통의부로 한다는 것, 통의부 군대 명칭은 의용군으로 결정하고 제도는 총장제로 한다는 것 등의 사항을 결정했는데, 이는 남만주 독립군 단체를 통일했다는 점에서 중요한 회의였다.

통합 결정에 따라 통의부는 1개 중대 약 800~900명씩, 7개 중대가 있었으며 신의주와 청성진, 강계군 등지에서 일제 경찰들과 치열한 전투를 벌이는 등 여러 차례에 걸쳐 국내 진공 작전을 전개했다. 『독립신문』에도 1924년 4월부터 약 2개월 동안에 28차례나 국내 진공작전을 벌인 사실을 전하고 있다. 그러나 통의부는 복벽주의자(왕조의 부활을 추구하는 인물)인 전덕원全德元과 공화주의자 양기탁 간의 내부 파쟁에 휩싸이면서 급기야 서로를 습격하는 사건까지 발생하며 분열했다.

끝내 무력 충돌까지 벌인 두 세력의 갈등에 크게 상심한 이회영은 다시 베이징으로 돌아가버렸다. 이덕일은 "공화주의자와 복벽주의자의 무력 충돌은 그에게 많은 생각을 하게 했다. 이회영은 그와 같은 무력 충돌의 배경에 일단의 권력욕이 있다고 판단했을 것이다. 그리고 이러한 판단은 그가 일체의 권력욕을 배제하는 아나키즘을 받아들이는 데 한 구실을 했음이 분명하다"고 진단했다.

실제로 당시 독립운동 진영은 근본적인 재검토를 요구받고 있었던 상태였다. 그것은 중국 상하이나 만주를 비롯해 러시아 연해주 등 해외 각지로 흩어져 있는 독립운동 진영 내에 수없이 많은 회會나 당黨이 이합집산을 거듭하며 압력과 갈등이 심하였기 때문이다. 그러므로 일정하게 확립된 기본 이론이나 정책 없이 맹목적인 단결과 통일을 내세우는 것은 내적 구심력과 접착력이 없으므로 분산될 수밖에 없다. 더구나 독립운동의 본질은 "이민족의 질곡에서 벗어나려는 해방운동이므로 사상과 종파의 여하를 막론하고 다 같이 참여하였으며 앞으로도 그래야 할 운동"이었다. 그러므로 당시의 혼란과 마찰은 당연히 있을 수 있는 일이었고 앞으로의 운동전선에 새로운 정리정돈과 통합이 매우 절실했던 것이다.

이정규는 이러한 위급하고 어려운 판국에 각종 사상의 회오리바람을 맞으며 가장 괴로워한 사람이 이회영이라고 보았다. 그는 이회영이 "공산주의자들의 이론적 공세와 유도에 부딪쳤을 때에야 비로소 스스로의 이론의 빈곤과 단순함을 느꼈으며, 따라서 자신의 견해와 이론을 확립하려는 노력을 하지 않을 수 없었다"고 회고하였다. 나아가 그는 "선생이 사상적으로 지향하는 방향이 확정된 때는 1922년 겨울이었다"라고 적고 있다. 이 무렵 이회영이 베이징에서 아나키즘을 받아들일 때의 모습을 부인 이은숙은 자서전에서 이렇게 표현했다.

> 하루는 몽사夢事를 얻으니, 가군께서 사랑에서 들어오시며 희색이 만면하여, "내 일생에 지기知己를 못 만나 한이더니, 이제는 참다운 동지를 만났다" 하시며 기뻐하시기에, 내가 무슨 말을 하려다가 홀연히 깨니 남가일몽이라. 곰곰 몽중에 하시던 말씀을 생각하며, 또 어떤 사람이 오려나 하였더니, 그날 오정쯤 해서 이을규 씨 형제분과 백정기 씨, 정화암 씨 네 분이 오셨다.
>
> 이은숙, 『民族運動家 아내의 手記-西間島始終記』

이은숙 여사는 이때가 1923년이라 기억하고 있다. 이미 이회영의 나이 57세로 환갑을 바라보고 있었다. 공산주의에 환멸을 느껴 러시아행을 포기한 이을규와 이정규 형제는 베이징대학에서 루쉰과 에로센코와 교류하며 에스페란토와 세계주의에 눈떴고, 정화암 역시 리스청·우즈후이 등 중국 아나키스트들과의 교류로 아나키즘을 수용하였다. "정의감이 강하고 남을 잘 이해하고 동정심이 강한" 백정기는 부정을 미워하는 의분이 강한 '행동파' 열혈 청년이었다.

이정규는 또 '선생의 사상이 확정되는 계기'로 1923년 9월에 있었던 '이상농촌 양타오촌 건설 계획'을 들고 있다. 이상촌 건설 계획이란 후

이을규 · 이정규 · 정화암

난성 한게이현 둥팅호 호반의 양타오촌洋淘村의 광대한 토지를 가진 중국 아나키스트가 자신의 땅을 경자유전(농사짓는 자가 땅을 가져야 한다)의 원칙에 따라 공동경작, 공동소비, 공동소유하는 협동체를 조직해 이상촌으로 만들자고 제안하면서 비롯된 것이다. 중국인 아나키스트의 요청으로 구상된 이 계획은 재중한인들에게 인삼 같은 특수작물을 재배케하고 농부를 이주시켜 촌락을 건설하면 향후 독립기지 건설에 도움이 되지 않겠는가라는 제안인 것이다.

당시 베이징대 재학생이었던 이정규는 이민과 농지 개척의 경험담을 들으려고 신흥무관학교 설계자였던 이회영을 방문하였다. 이회영은 매우 흥미 있게 이 계획을 들었으며, 간단히 대답할 수 있는 일이 아니니 좀 더 깊이 생각해보자고 하였다. 이어 이회영은 이정규와 함께 아나키즘사상에 대해 오랜 시간 문답하였다. 이정규는 당시 이회영과의 이 대화가 "선생으로서는 무정부주의라는 사상의 내용을 들어보는 첫 번째 기회였다"고 적고 있다.

그러나 이미 임시정부 대신 자유연합적 독립운동 지도본부를 구상한 바 있고, 조소앙·류자명·신채호 등에게서 러시아의 현실을 전해 듣고 새 사조에 대해 고민하고 있던 노혁명가 이회영이 대학생 이정규에게 아나키즘 사상에 대해 처음 들었을지는 여러 의문이 든다. 다만 마침이때 이회영이 사상적 진로를 모색하던 때였으므로 이상농촌 건설과 아나키즘 사상을 둘러싼 이정규와의 대화는 선생에게 큰 충동을 주었음에 틀림없다.

사상적 번민을 거듭하던 시절, 당시 이회영의 가장 큰 고민은 어떻게 하면 사람이 자유롭고 평등한 생활을 실현할 수 있는가였다. 그는 시대적 조류를 따르고 자신의 천품과 성격에 따라 사람은 '자유롭고 평등한 생활을 목적으로 하며 그 실현을 위해 노력하는 것'이 옳은 길이라고 생각했다. 독립운동도 이것을 위해서만 빛이 나는 것이며, 혁명운동도 이것으로만 가치가 있다고 보았다. 그래서 이회영은 신채호와 만날 때마다 이러한 문제를 고민했다고 한다. 즉, 여러 선진국의 현 정치제도를 그대로 답습 모방하여서는 자유·평등의 사회가 실현될 수 없지 않겠는가, 또 그들의 정치를 모방한다면 부자유와 불평등에 의해 불만·불평·억압이 생겨나는 현대사회의 결함을, 새로이 독립할 우리나라에서도 반복하지 않겠는가 하는 점이다.

이회영은 독립운동의 진로 모색뿐 아니라 신채호를 비롯해 의열단의 참모장인 류자명, 이을규·정규 형제와 정화암 등과 자주 만나 새 사회 건설을 주제로 논의를 계속했다. 그런 가운데 1923년 말에 이르러 자신도 자유연합주의의 이상과 그 조직 이론으로 새 한국사회를 건설해야 한다고 주장하게 되었다. 나아가 신채호와 더불어 스스로 아나키스트임을 자임했으며, 진정한 독립운동은 아나키즘에 의한 자유연합적 무장 독립투쟁임을 말하게 되었던 것이다.

불나방처럼 살다 간 젊은이들, 의열단

이회영이 베이징에서 새로운 사조를 통해 독립전쟁의 진로를 고민하고 있을 무렵, 젊은 독립투사들도 새로운 항일투쟁의 방략을 모색하고 있었다. 독립이 곧 될 것 같았던 3·1만세운동이 일제의 무력 진압에 의해 무자비하게 압살 당하자, 다른 나라의 힘을 빌리는 외교적 청원이나 평화 시위 또는 실력 양성만으로는 도저히 불가능하다는 사실을 절실히 깨닫게 되었다.

따라서 한 민족의 독립은 민족 스스로 목숨을 걸고 나서 의열투쟁이나 무력항쟁 등 보다 적극적이고 강력한 투쟁을 통해서만 전취될 수 있다는 의식이 형성되었던 것이다. 이러한 흐름은 김원봉을 비롯한 일부 젊은 열혈투사들에 의해 제창되었지만, 의열투쟁의 장엄한 역사의 밑바탕에는 이회영이 일찍이 심혈을 기울여 양성한 신흥무관학교의 젊은 청년들이 있었다.

의열단원들. 위 왼쪽부터 김원봉, 김상옥, 김시현, 최수봉, 이종암, 남정각, 유석현, 윤세주, 박재혁, 김익상, 김지섭

김원봉은 1919년 6월경 서간도로 와 신흥무관학교에 입학하여 여러 동지들을 만났다. 그는 동지들에게 "지금의 상태는 우리가 신흥학교에서 공부만 하고 있을 수가 없은즉 속히 독립의 목적을 이루려 하면 직접 행동을 취하지 않으면 안 된다"고 설득하였다. 새로 얻은 무관학교 동지들은 이종암을 비롯해 이성우·서상락·강세우·김옥·한봉근·한봉인·신철휴 등이다. 김원봉과 이종암은 1919년 7월 상하이로 가서 임시정부의 별동대로 일컬어지는 구국모험단 단원들과 합숙하면서 약 3개월 동안 폭탄 제조법과 조작법을 배우고, 10월에 길림으로 귀환하였다. 이어 길림으로 망명해온 곽재기와 윤세주·윤치형 등이 합류하여 그동안 뜻을 함께 해온 동지 17명을 규합했다. 이들은 그동안의 준비 상황을 점검하고 조직 운영 방침과 당면 활동 방향을 밤새 논의한 끝에 11월 10일 길림성 파호문 밖 중국인 반씨 집에서 의열단을 발족하기에 이르렀다. 이처럼 의열단의 결성 과정과 구성원의 면면을 살펴보면, 최초 조직 구성은 단연 신흥무관학교 졸업생들이 주축을 이루고 있음을 알 수 있다. 즉 김원봉과 앞서 새로 영입한 8명 이외에도 권준(권중환) 등 10여 명에 이른다. 이 밖에도 후일 의열단에 가입하여 활동한 무관학교 졸업생도 많았으니, 박태열·배중세·윤보한·이해명·최윤동 등이 그들이다.

일찍이 신흥무관학교는 신민회의 독립전쟁 전략에 따라 해외에 개척된 독립군 기지의 하나였다. 신민회가 일제에 의해 강제 해체된 이후로는 광복회의 해외 독립군 양성기지처럼 되어 있었다. 그래서 진작부터 광복회는 비밀리에 국내의 뜻 있는 청년들을 선발하여 만주로 망명토록

의열단 결성지로 추정되는 곳(길림성 파호문 밖)

하여 신흥학교에 입학시켜왔던 것이다. 망명 직전까지 육영사업을 벌인 바 있는 황상규가 이 일에 상당 부분 관여했는데, 실제로 그가 1919년 6월 길림에서 망명해 온 이수택에게 신흥무관학교 입학을 권유했다는 기록도 보인다. 그런 황상규가 신흥무관학교 출신 투사들을 의열단에 입단시키도록 했다는 사실은 매우 의미심장하다.

　의열단 단원들은 어떻게 선발하고 어떤 훈련 속에 투쟁을 전개했으며, 어떻게 싸우다 죽어갔는가. 의열단의 행동 강령이 매우 기밀을 요하고 세포 조직과 같이 움직여서 단원들조차 서로 모를 정도이기 때문에 자료로 파악할 수는 없다. 다만, 의열단에 몸담았던 김산(장지락)의 회고를 통해 모습의 일단을 엿볼 수 있다.

(의열단과 적기단 중) 의열단이 더욱 활동적이었고 1919년에서 1924년에 걸쳐 왜놈에 대한 테러를 국내에서만도 약 300건이나 해냈다. 그들의 대규모 계획들은 실패하였지만 조그마한 계획들은 때때로 성공하였다. 1919년에서 1927년에 걸쳐서 왜놈들은 의열단원만 해도 300명이나 처형하였다. 현재 살아있는 단원은 극소수이다. 이 단체는 무정부주의 이데올로기에 지배되었다. 그러므로 조선 무정부주의자의 전성기는 1921년에서 1922년이었다.

의열단원은 불과 몇 명 안 되었다. 많은 단원을 확보하려고 하지 않았던 것이다. 핵심은 50명으로 구성된 하나의 통일체이며, 모든 것이 엄격하게 비밀로 되어 있었다. 이 통일체의 각 단원은 각각 다른 반과 연락을 취하고 있었다. 여러 시기를 통산해도 의열단원은 도합 수백 명에 불과하였다. 의열단의 활동자금은 모두 조선에 있는 부유한 사람들이 임시정부를 통해서 낸 것이다. 임정은 조선이 완전히 독립한 후 30년 이내에 상환한다는 조건으로 3,000만 달러의 공채를 발행하였다. 당시에는 약간의 미국인과 선교사들까지도 '조선독립의 벗' 운동에 참가하였다. 의열단은 상하이에 12군데의 비밀 폭탄제조소를 가지고 있었다. 그것을 지도한 사람은 이 비밀결사의 단원인 마르틴이라는 독일인이었다. ……

그때쯤이면 이미 노동조합과 농민조합, 청년단체들이 다수의 회원을 가지고 있었다. 왜놈들은 이 단체들을 탄압하지 않았다. 왜냐하면 이 사회단체들이 테러리즘과 의열단에 반대하고 있었기 때문이다. 1919년부터

의열단의 조선혁명 선언

1924년까지는 왜놈들이 테러리스트들을 박멸하기 위하여 테러리스트에게 온 신경을 집중하고 있었다. 당시 왜놈들은 선전과 대중운동보다는 폭탄과 총을 훨씬 더 두려워하였던 것이다. 1924년까지 300명에 가까운 가장 우수하고 용감한 의열단원들이 왜놈들에게 살해당하였다. 별로 성과도 없이 희생만 늘어나자 단원들의 사기는 저하되었다. 남아있는 의열단원의 태반은 공산주의자와 합류하였으며 대중적인 정치활동에 가담하기를 원했다. 이때까지 살아남았던 의열단원 거의 전부가 1925년부터 1927년 사이에 중국혁명을 위해 싸우다가 죽었다.

장지락의 회고처럼 의열단 단원들은 중국과 조선 국내 등지에서 수

많은 의열투쟁을 전개했다. 그중 잘 알려진 것만으로도 박재혁의 부산 경찰서장 폭살사건(1920. 9), 최수봉에 의한 밀양경찰서 투탄사건(1920. 12), 김익상의 서울 조선총독부 투탄사건(1921. 9), 김익상·오성륜·이종암에 의한 다나카 육군대장 저격사건(1922. 3), 김지섭의 일본 황궁 투탄거사(1924. 1) 등이 있다. 이처럼 의열단은 중국 관내와 조선 국내, 일본 도쿄 등을 넘나들며 일제 식민지 통치기관의 파괴와 수괴 암살 활동을 활발히 펼쳐 일본 경찰과 정보기관을 공포에 떨게 했다. 장지락의 말대로, 일제는 선전이나 대중운동보다는 폭탄과 총에 의한 저항을 더 무서워했던 것이다.

죽음을 무릅쓰고 의열투쟁을 전개한 한국 청년들의 평상시 생활은 어떠했으며 어떤 꿈을 꾸고 있었을까. 장지락은 의열단원들이 마치 특별한 신도처럼 생활하고, 수영과 테니스 등의 운동을 통해 항상 최상의 컨디션을 유지하면서 매일같이 저격연습을 했다고 회고했다. 그들의 생활은 명랑함과 심각함이 기묘하게 혼합된 것이었다. 언제나 죽음을 앞두고 있어 마음껏 생활하였던 멋진 친구들이며 러시아 출신 아가씨들과의 짧고 강렬한 연애를 즐기다 기꺼이 총과 폭탄을 들고 적지로 뛰어든 불나방 같은 젊은이들.

이들의 생활습관은 마치 러시아혁명 초기에 불꽃처럼 살다간 테러리스트들을 연상시킨다. 그들의 엄숙하면서 절제된 생활은 러시아 테러리즘을 주도한 네차예프Nechaev의 『혁명가의 교리문답』을 보는 것 같다. 다음의 경구는 의열단 단원들을 연상시킨다.

의열단장 김원봉과 의열단의 활동을 보고한 동아일보 호외기사.

혁명가는 죄인이다. 그에게는 사적 이해도, 개인적인 일도, 사사로운 감정이나 집착도, 사유재산도, 심지어 이름조차 없다. 그는 모든 관심과 생각과 열정을 혁명에 바쳐야 한다. 혁명가는 모든 교조주의를 경멸해야 한다. 그는 평화를 위한 과학을 포기하고 다음 세대에 넘겨주어야 한다. 그가 아는 과학이라고는 파괴를 위한 것뿐이다. …… 그의 목표는 단 하나이다. 그것은 이 비열한 질서를 가장 빠르고 확실하게 파괴하는 것이다. 혁명가는 스스로에게 엄격한 만큼, 남에게도 엄격해야 한다. 그는 가족애, 우정, 사랑, 감사, 명예와 같이 나약한 감정을 혁명가다운 냉철한 열정 하나로 억눌러야 한다. 그가 얻을 수 있는 유일한 기쁨이나 위안은 혁명의 성공에서 온다. …… 혁명가는 자신처럼 투철한 혁명적 활동을 보여주는 자만을 아끼고 친구로 삼을 수 있다. 우정과 헌신을 비롯해서 동지들에 대한 다른 의무가 갖는 비중은 그것들이 파괴적 혁명을 이루기 위해 어느 정도의 효과를 일으킬 수 있는가에 따라 결정된다.

장 프레포지에, 『아나키즘의 역사』

그러나 의열단의 이러한 폭력투쟁이 독립운동 진영 모두에게 환영받은 것은 아니었다. 이미 외교독립론과 실력양성을 부르짖은 상하이 임시정부 내의 일부 인사를 비롯해 대중운동의 조직과 정당 활동을 공공연히 내세운 공산주의 세력에게 의열투쟁은 한낱 '공포 수단에 의지한 과격주의'로 비쳐졌다. 상하이 황포탄黃浦灘에서 일어난 의열단의 투쟁을 계기로 이러한 논란은 본격적으로 일기 시작했다.

1922년 3월 28일, 의열단은 육군 대장 다나카 기이치田中義一가 당시 상하이에 온다는 소식을 듣고 그를 암살하기 위한 계획을 세웠다. 일제 군부의 거물이고 해외 팽창정책 추진자로 이름 높았던 다나카 육군대장은 당시 모종의 밀명을 띠고 필리핀에 갔다가 돌아오는 길에 이곳을 들르게 되었다. 상하이 황포탄 홍구 공공마두에는 제1선의 김익상과 제2선의 오성륜, 그리고 3선의 이종암 등 3명이 각각 권총과 수류탄, 단도 등을 감춘 채 기다리고 있었다.

무수한 환영 인파 속에서 기선에서 내린 다나카가 마중 나온 인사들과 악수를 나누는 순간, 제1선의 오성륜이 주머니 속에서 권총을 꺼내 다나카의 가슴을 향해 발사했다. 다나카를 맞혔다고 확신한 오성륜은 "대한독립 만세"를 목청껏 외쳤다.

하지만 오성륜이 맞힌 사람은 다나카가 아니라 우연히 그의 앞을 지나가던 백인 여자였다. 저격수가 있음을 알아차린 다나카는 잠시 그녀를 안고 죽은 채 하고 있다가 사람들 틈을 헤치며 자동차 있는 곳을 향해 뛰었다. 그 순간 제2선의 김익상이 군중들을 헤치며 또 두 발을 쏘았다. 그러나 이번에도 총알은 그의 모자만 꿰뚫었을 뿐이었다. 김익상은 이어 폭탄을 꺼내 다나카의 차를 향해 던졌으나, 불발이었다. 제3선의 이종암이 군중을 헤치고 나서며 차를 향해 폭탄을 던졌다. 그러나 자동차는 달리기 시작했고 폭탄은 그곳에 서 있던 미 해병이 발로 차 바다에 빠뜨렸다.

다나카는 제1선에 이어 2선, 3선의 공격을 모두 피해 구사일생으로 도주한 것이다. 이 사건 이후 그는 육군대신을 역임하고 예편한 다음, 1927년 총리대신이 되어 대륙침략 정책을 총지휘하게 되니, 원통한 일이 아닐 수 없다.

이종암은 입고 있던 외투를 재빨리 벗어 던지고 군중 틈으로 들어가 몸을 숨겼으나, 오성륜과 김익상은 현장에서 너무 지체한 나머지 일제 헌병과 경찰들에게 쫓기고 말았다. 두 사람은 권총으로 위협하며 구강로九江路를 지나 사천로四川路로 달렸으나, 결국 막다른 골목에서 체포되고 말았다.

오성륜은 일본 총영사관 감옥에 갇혀 혹독한 조사를 받으며 압송될 날짜만을 기다리는 신세가 되었으나, 함께 들어온 일본인 죄수들의 도움으로 창살을 자르고 극적으로 탈출하는 데 성공하였다. 이후 러시아로 건너갔다가 1925년경 다시 의열단에 복귀했다. 오성륜의 탈출 소식에 놀란 일본 경찰은 김익상이 조선총독부 폭파 사건의 주인공이란 사실을 알고 또 한 번 경악하였다. 일본 영사관은 그를 급히 나가사키로 호송했다.

김익상은 그해 9월 25일, 나가사키 지방재판소에서 무기징역을 선고받았다. 그러나 일제 지배 권력층은 이를 묵과하지 않았다. 그들은 공소 재판에서 재판장을 바꿔가면서 기어코 김익상에게 사형을 언도하고 말았다. 김익상은 이에 대해 극형 이상의 형벌이라도 사양하지 않는다며 상고도 하지 않은 채 당당히 맞섰다. 그런데 의외로 은사恩赦라는 정치적 쇼가 내려져 무기형으로 감형되었다. 1927년에 다시 20년으로 감형된 그는 1942년 만기 출소했다. 출소 후 김익상은 고향에 돌아왔는데, 어느 하루는 일본 형사가 잠깐 가자며 데려 가더니 영영 돌아오지 않았다고 한다.

『조선혁명선언』, 신채호·류자명과 이회영

1922년 황포탄 저격사건은 상하이를 비롯한 전 중국과 일본에 의열단의 이름을 다시 한번 드높이는 계기였지만, 현장에 있던 미국인 여자를 비롯해 영국인, 중국인 등 무고한 사상자가 발생함에 따라 외국인들 사이에 한인 테러에 대한 나쁜 인식과 여론을 악화시키는 부작용도 가져왔다. 일본 총영사관의 압력에 굴복한 공동 조계와 프랑스 조계 경찰 당국은 한인 독립운동자의 '불온행동,' 특히 총기류 휴대와 사용에 대한 단속 강화 방침을 공표했다.

주중 미국 대사관 공사도 "조선인 독립당이 목적을 달성하기 위하여 공산주의자의 행함과 같은 잔혹한 수단으로 나옴은 미국은 물론 세계 어느 나라이든지 찬성치 아니하는 바이다"라며 이 조치를 거들었다. 심지어 임시정부의 일부 인사는 국내 신문보도를 통해 "조선 독립은 과격주의를 채용하며 공포 수단을 취하여 달할 것이 아니다. …… 그들은 과격주의자이므로 임시정부와는 관계가 없다"면서, 의열단의 행동이 마치 단순 '과격주의'의 소치인 것처럼 비난하고 임시정부와의 관계를 애써 부인하는 경우까지 발생했다.

이에 의열단은 자신들의 이념과 정체성을 대내외에 알릴 필요성을 절감하게 되었다. 자신들이 무조건적 암살만을 일삼는 테러조직이 아니라 명확한 항일이념과 목표를 가진 독립운동 단체임을 밝힐 필요가 있었다. 특히 공산주의자들이 테러에 반대한다는 코민테른의 방침에 따라 의열단 활동을 비판하고 나서자, 이에 맞서 테러활동을 주요한 수단으로 하는 독립투쟁의 방법론을 정립할 필요가 있었다. 저 유명한『조선혁명선언』이 나오기까지에는 신채호뿐만 아니라 류자명, 그리고 그들과 오랫동안 사상 토론을 한 이회영 등 '베이징 아나키스트그룹'이 있었음을 주목해야 한다.

1921년 당시 신채호는 극도의 빈곤 생활에 시달리다가 필생의 소원인 조선사 연구에 몰두하기 위해 승려가 되어 있었다. 이 기간에 그는『조선사통론』을 비롯해『문화편』,『사상변천편』,『강역고』,『인물고』등을 저술한 것으로 알려졌는데, 오늘날 전해지지는 않는다.

1년 후 승복을 벗은 신채호는 이회영의 동생 이호영의 집에서 하숙하면서『동아일보』와『조선일보』등에 기고하며 조선사 연구를 계속했다. 당시 신채호는 베이징으로 온 후 이회영과 매일 만났다. 이규창은 자서전 여러 곳에서 신채호와 김창숙이 이회영과 매일 만나 많은 이야기를 나눈 사실을 적고 있다. 신채호가 류자명의 요청을 받고 상하이로 간 것은 이 무렵이었다.

류자명 역시 1921년 4월 베이징에 올라온 이후 이회영의 집에서 머물렀다. 이후 그해 겨울 톈진으로 가 거류민단을 만들어 활동하던 중 의열단장 김원봉을 만나 의열단에 가입했다. 류자명은 의열단에서 통신연락과 선전 등 참모장역을 맡았는데, 상하이 황포탄 사건 이후 테러리즘에 대해 일부 임정 인사들과 공산주의자들이 반박하자 이에 맞서 의열단의 주장을 발표하고자 했다. 그는 평소 존경하던 신채호를 찾아가 부탁드리고, 그를 상하이 아지트로 데리고 가 비밀 폭탄 제조공장 등을 견학시켰다.

이후 류자명은 약 한 달 동안 신채호와 합숙하며 선언문을 작성했다. 따라서 『조선혁명선언』은 단지 신채호 개인의 사상을 피력한 것이 아니라, 이회영과의 긴밀한 의견 교환과 류자명의 협조를 통한 공동 작품인 동시에 베이징 아나키스트그룹의 공동선언문이라 봐야 할 것이다.

선언문은 먼저 일본 강도 정치, 곧 이족 통치가 조선 민족 생존의 적이 된 상황에서 자치론, 내정독립론, 참정권론을 주장하여 타협하려는 자나 그 아래에서 기생하려는 문화운동자 모두 적과 동일하다고 규정했다. 또한 외교론이나 독립전쟁 준비론 역시 '일장의 잠꼬대'요, '미몽'일 뿐이라고 준열히 비판했다.

그리하여 민족의 생존 유지의 정당한 수단은 오직 혁명으로 강도 일본을 살벌함일 뿐이고, 그것이 아니고는 강도 일본을 구축할 방법이 없다고 하면서 혁명이 유일한, 필수의 살길임을 천명하였다. 그러면서 「선언」은 이 혁명이 '민중 자신을 위해서' 민중 자신이 주체가 되어 일으키는 '민중혁명'·'직접혁명'이고, 민중혁명의 첫 걸음은 '민중의 각오'임을 갈파했다. 또한 암살과 파괴, 폭동의 형태로 표출되는 '민중적 폭력'의 대상으로 이전의 '7가살' 규정에 없던 '일본 천황 및 각 관공리'와 '일본인 이주민'을 추가했다.

나아가 의열단은 민중을 권위로 지도·지휘하는 엘리트 전위조직이 아니라, 민중의 일원으로서 직접 행동하는 선동대와 같은 존재라 보았다. 「선언」은 민중이 자율적·주체적으로 사고하고 행동하는 자주인이고 따라서 당과 같은 조직의 지도나 매개 없이 직접 혁명을 주도할 수 있으며, 그래야만 한다는 아나키스트들의 주장에 매우 근접해 있다.

또한 '선언'은 일제의 모든 식민지 지배 권력의 본질이 강권·억압 통치인 것으로 파악하고, 그것의 전면적 부정과 파괴로써 '자유적 민중'과 '민중적 경제 및 사회문화'를 창조하고 건설하는 것을 '이상적 신조선'의 미래로 전망하였다. 이는 '파괴가 곧 건설'이며 이를 통하여 '억압과 강권'의 구세계에서 '해방과 자유'의 신세계로 나아간다는, 아나키즘의 논리구조를 따른 것이다. 이는 앞서 이회영과 신채호가 고민했던 자유평등의 신사회 건설 방향과 매우 근접해 있음을 알 수 있다.

「조선혁명선언」은 그 웅혼한 필치만으로도 의열단 단원들을 감격시키기에 충분했으며, 즉시 팸플릿 형태로 인쇄되어 국민대표회의에 참석한 각 단체 대표들에게 우선 배포되었다. 그 효과는 즉각 나타나 국내에서 온 일부 대표는 귀국을 포기하고 단원으로 가입했다. 선언문은 각지 대표들의 손으로 또는 우편으로 중국을 비롯해 노령과 미주, 국내에도 전달되었으며, 도쿄에는 일부러 단원을 잠입시켜 살포하였다. 거사를 위해 파견되는 단원들도 이 선언문을 꼭 휴대하여 혁명이념과 논리 등을 숙지하도록 했다.

선언문의 발표는 단원들의 사기와 자부심을 크게 앙양시키는 효과를 낳았다. 그들은 의열단이야말로 민족혁명·민중혁명의 행로와 운명을 같이할 진정한 혁명단체이며, 자신들이야말로 일제 타도에 헌신할 진정한 혁명가라는 강렬한 자부심을 갖게 되었다. 나아가 이 선언문은 1924년 4월 대만인 판번량의 신대만안사新臺灣安社에서 발표한 선언문에도 일정 부분 영향을 끼친 것으로 알려졌다.

선언문 발표 이후, 의열단은 중국은 물론 러시아와 일본, 조선 국내 각지에 단원들을 파견·배치하여 지역 거점을 확보하고 활동 반경을 넓혀갔다. 1923년 상반기만 하더라도 러시아의 블라디보스토크 방면, 일본의 도쿄와 고베·오사카·요코하마 등지로 단원을 파견하여 활동 구역으로 삼았다.

「조선혁명선언」의 민중적 폭력지침에 따라 일본천황을 처단하려다 23년의 옥살이를 한 박열.

중국 지역도 관내에만 국한하지 않고 만주는 물론 대만과 몽골까지 활동권으로 삼았는데, 몽골에서는 지방단원 총회를 개최한 바 있다. 이렇게 여러 지역의 운동자들과 제휴하여 역량을 결집한 의열단은 1923년 하반기부터 만주와 서울, 도쿄 등 3곳에서 동시다발적인 거사를 계획했다. 즉 베이징과 톈진을 전진기지로 삼고 서울과 도쿄에서 대규모 암살 계획을 세웠던 것이다.

의열단 단장 김원봉은 상하이에 들른 오스기 사카에와 은밀히 만난 바 있다. 두 사람은 혁명에 대한 쌍방의 의견에 일치를 보고, 수평사水平社 등 일본 내 연락 기관을 두어 비밀리에 암살·파괴활동 계획을 세웠다고 한다. 의열단은 일본 내 폭탄 투척 계획을 세우고, 곧 실행 책임자로 임시정부 비서국장 출신인 김한을 지목해 조선 국내로 파견했다.

김한은 1922년 9월과 11월, 두 차례에 걸쳐 서울에서 박열과 극비리에 만났다. 의열단은 박열을 중심으로 한 도쿄의 한인 아나키스트들과 공동 행동을 하기로 하고 폭탄 50개를 이송할 준비를 했다. 일본에서의 거사는 주요 시설물 파괴를 비롯해 천황 및 정부 요인 암살 등 총공격의 형태로 10월 중에 시행하기로 계획되었다.

하지만 의열단의 거사 계획은 단원을 가장한 일본 경관 황옥黃玉의 밀고와 김상옥의 의거로 폭탄을 모두 압수당해 뜻을 이루지 못했다. 게다가 1923년 9월 1일 도쿄에서 대지진이 발생해 조선인에 대한 대량학살이 자행되었고, 박열마저 체포당함에 따라 의열단의 계획은 수포로 돌아갔다. 미국계 첩보 기관에 따르면, 1923년 8월 당시 20여 명의 의열단 단원이 도쿄에 파견된 바 있는데, 불행히도 이 중 다수는 갑자기 발생한 대지진 당시의 대학살로 희생당한 것으로 알려졌다.

10 재중국조선무정부주의자연맹

「조선혁명선언」으로 많은 열혈 청년들이 의열단에 새로 가입하는 등 단원들의 사기와 자부심을 크게 고조시켰지만, 테러리즘의 정당성과 실효성 여부에 대한 내부의 갈등은 날로 심화되었다. 의열단 내 노선 분기의 징후는 1923년 여름, 공산주의 단체인 적기단과의 합작문제를 둘러싼 찬반 의견 대립이 나타나면서부터이다.

이종암 등 일부 중견 간부들은 예전의 경험으로 미루어 공산주의 단체와의 합작 행동은 위험성만 높이고 실효를 거둘 수 없다고 하였고, 류자명 등 아나키스트들도 적기단의 상급 기관인 고려공산당이 코민테른에 종속되어 있다는 이유로 반대했다. 반면 김원봉은 신속하고 큰 규모로 거사를 하려면 합작하는 것이 좋다는 입장이었고, 윤자영 등 고려공산당 계열의 단원들은 두말할 필요 없이 합작을 강력히 주장했다.

그런 와중에 의열단 단원이자 고려공산당 당원인 김지섭이 1924년

1월 일본 황거 앞 이중교에서 폭탄 투척 거사를 단행했다. 그리고 얼마 후 윤자영이 단을 이탈하여 상하이청년동맹이라는 새로운 공산주의 그룹을 만들어 핵심 간부가 되었다. 게다가 그는 곧 동맹의 이름을 빌려 의열단의 운동 노선을 정면으로 비판하기 시작하였다. 이러한 상황에서 류자명은 의열단 신분을 유지한 채 아나키스트들만의 별도 조직 결성을 추진하기 시작했다.

1923년 말경부터 자유연합의 이상과 그 조직이론으로 새 한국을 건설해야 한다고 주장하며 스스로 아나키스트임을 자임한 이회영과 신채호는 외교 노선에 의존하는 세력이나 코민테른의 지시에 움직이는 공산주의자들의 노선을 비판하며 새로운 독립 방략을 지도할 조직의 결성을 계획하며 동지들을 모았다. 이회영이 부인 이은숙에게 '평생의 동지'를 얻었다며 기뻐했던 이을규·정규 형제와 정화암, 백정기 등이 그들이다.

실제로 이들은 1923년 가을경 이회영의 집에 찾아온 그날부터 함께 고생하면서 새 조직 결성에 부심했다. 중국의 최하층민이나 사다 먹는 '짜도미苦米*'를 먹으며, 이회영의 사랑방에 모여 향후 조직 운영에 대해 고심했다.

새로운 조직을 결성하기 위해서는 동지의 규합과 함께 자금 조달이 매우 중요했다. 단순히 몇몇 동지를 모으는 것으로 그치는 것이 아니라, 잘못된 독립운동 진영의 모순을 비판하고 올바른 운동 방향을 고민하고 알려야 했기 때문이다. 이에 젊은 동지들이 자금 조달에 나섰다. 1923년 늦가을 베이징의 고급 주택가인 모아호동帽兒胡同에서 일어난 강탈 사건은 운동 자금을 마련하기 위해 정화암과 이을규·정규 형제, 백정기 등이 계획한 고육지책이었다.

당시 정화암은 이회영과 함께 톈진과 베이징 사이를 흐르는 영정하永定河 근처의 하천 부지를 개발하자는 계획을 세우고, 1921년 늦겨울 국내로 잠입해 국내 갑부인 고명복 모녀를 데려오는 데 성공했다. 고명복의 이모는 이근홍의 첩이었는데 이근홍은 유명한 친일파이자 순종 황후의 친정아버지인 윤택영과 가까운 사이였다.

이근홍은 이들을 베이징 귀족들이 사는 특수지역에 이주시키고 아무나 출입하지 못하게 하였다. 고명복 모녀가 독립운동 자금 조달에 동의하지 않자, 김창숙과 백정기 등은 그들의 재산이 민족을 팔아 부당하게 갈취한 돈이라며 이를 탈취해 독립운동 자금으로 쓰자고 주장했다. 이에 김창숙과 이을규·정규, 백정기 등은 그들의 집에 잠입해 귀금속들을 빼내었다. 귀족들의 거주지에서 일어난 이 사건은 다음날 각 신문에 대서특필되었고, 사람들은 그 대담성에 혀를 내둘렀다. 베이징 공안국은 정화암과 일행을 잡기 위해 수사력을 집중했다.

정화암은 베이징대학에 다니던 소완규의 배려로 대학 기숙사에 숨어 있었으나, 수사망이 좁혀 오는 것을 느낄 수 있었다. 이에 정화암은 우당 이회영과 의논하여 난진창(만청인 집거지)으로 옮겼다. 간발의 차이였다. 간신히 수사망을 피하긴 했으나, 이후 모두의 행동이 자유스럽지 못해 많은 고생을 겪었다. 모아호동 사건으로 동지들은 베이징과 톈진 부근에 흩어져 기회를 기다려야 했다.

1924년 3월 베이징 이회영의 집에는 이을규·정규 형제가 함께 숙식했으며, 4월에는 백정기가 일본에서 돌아와 머물렀다. 이들은 여러 날 동안 자유연합주의를 표방할 새로운 조직의 결성 문제를 토의했다. 마침내 1924년 4월 20일 의열단 참모장인 류자명과 함께 아나키스트들만의 첫 조직을 결성하게 되니, 재중국조선무정부주의자연맹이 바로 그것이다.

『정의공보』, 한국 아나키스트들의 일성을 고하다

재중국조선무정부주의자연맹(이하 '무련')의 참가자는 이회영을 비롯해 류자명·정화암·백정기·이을규·이정규 등 6명이다. 당시 신채호는 순치문順治門 내 석등암石燈菴에 칩거하며 『사고전서四庫全書』를 섭렵하고 역사서 편찬에 몰두하느라 참석하지 못했고, 유림은 스촨대학成都大學에 재학 중이라 이 자리에 올 수 없었다.

정화암은 무련의 창립 배경을 우리의 독립운동을 당시의 이론적 기반을 가진 사상적 토대 위에서 추진함으로써 세계적인 호응을 얻기 위함이라고 설명하였다. 이 대목은 앞서 류자명이 의열단과 별도의 사상 그룹 결성을 필요로 했던 이유와 맞아 떨어진다. 즉 의열단이 내부의 공산주의 세력에 의해 내분이 심화되자, 공산주의 사상에 맞서 올바른 독립운동의 방략을 제시할 새 단체가 필요했던 것이다.

이처럼 무련은 비록 소수의 인원에 의해 창립되었지만, 코민테른의 지시에 의해 움직이는 공산주의 세력과 외교 청원, 실력 양성 등을 내세워 무장 독립투쟁을 방기한 민족주의 우익에 맞서 탄생했다. 이 단체는 중국·만주·러시아·일본 등지에 흩어져 있는 한인들의 단결과 무장 독립투쟁에 의한 독립 노선을 추구하고 자유연합주의를 주창하는 세력이 모여 만든 최초의 사상적 집결체였던 것이다.

아나키즘 연구가인 오장환은 회의 장소를 이회영의 숙소로 추측하고 있는데, 이곳이 베이징의 아나키스트들이 자주 모이던 장소라는 이유에서였다. 이들은 결성 후 석 순간지旬刊誌 『정의공보正義公報』를 발행해 자신들의 운동 노선을 천명했는데, 이회영이 극도의 궁핍 속에서도 그 발행 자금을 부담했다.

『정의공보』는 무련의 기관지인 만큼 연맹의 주장과 자유연합주의 선전을 위주로 하였다. 나아가 이회영의 편집 방침에 따라 중앙집권적 공산주의와 독립운동 진영 내의 파벌 싸움을 모두 비판하고 독립운동의 이론을 제공하는 선전지 역할을 담당했다. 즉 자유연합의 원리에 따라 모든 독립운동 세력들이 서로 협력하고 제휴할 것을 주장했던 것이다.

따라서 이 잡지는 발행의 횟수를 거듭할수록 많은 사람들에게 신선한 충격과 자극을 주었다. 특히 흥사단의 무실역행론務實力行論과 국민대표회의 모두를 비판했다는 사실은 당시 이회영을 비롯한 아나키스트들이 민족주의 일부의 실력양성론이나 공산주의 세력의 프롤레타리아 독재 모두에게 강한 반감을 갖고 있었음을 보여준다. 흥사단의 무실역행론이 비판의 대상인 된 이유는, 1921년 이래로 독립운동 진영에서 이탈하여 일제에 투항하는 자들이 속출하고 있을 무렵 이때 무실역행론이 그들에게 전향의 명분과 구실을 제공하는 부작용을 낳았기 때문이다.

하지만 무련의 기관지인 『정의공보』는 현재 단 한 편도 전해지지 않

1928년 재중국조선무정부주의연맹에서 발간한 『탈환』 창간호. 『정의공보』가 자금난으로 폐간된 이후 재발간되었다.

아 그 자세한 내용을 알 수 없어 아쉬울 따름이다. 다만 『선봉』이란 잡지의 1924년 10월 20일자 「베이징에 있는 고려인의 최근 형편」이란 기사에 시사비평을 주로 하는 『정의공보』가 비밀리에 발행되었다고 언급하고 있다.

무련이 발족되어 『정의공보』를 발간하자 일제는 온 신경을 곤두세웠다. 무련이 의열단처럼 직접적인 실력 행사를 하지 않을까 하는 우려 때문이었다. 이에 일제 관헌들은 한인 아나키스트들을 일일이 심하게 감시하였다. 무련에 닥친 또 다른 난관은 자금난이었다. 무련이 기관지 『정의공보』를 9호까지 내고는 부득이 휴간할 수 밖에 없었던 이유도 이 때문이었다.

활동을 할 수 있는 자금이 전혀 없었고, 더구나 맹원들의 생활난이 이중 삼중으로 겹쳐 극히 곤란한 지경에 처했다. 무련은 논의 끝에 당분간 각자 분산해 운동의 활력을 찾아보기로 했다. 이회영은 각처로 분산하여 각자 동지 획득에 전력하고, 특히 중국에서 중국 동지들과 긴밀히 유대를 맺음으로써 중국 측 운동에 참가하여 상호협력이 되도록 하자고 제안했다. 백정기와 정화암도 이미 그런 생각을 갖고 푸젠성福建省의 중국 동지들과 연락을 하던 중이므로 그의 뜻에 따랐다.

이회영과 류자명은 베이징에 남아 국내와 연락을 취하며 자금 조달 활동을 하기로 했고, 이을규·이정규·백정기·정화암은 상하이로 가기로 했다. 상하이에 내려간 정화암과 이을규 형제는 1928년 6월 1일 무련 명의로 기관지 『탈환奪還』을 발간했다. 자금난으로 휴간할 수밖에 없었던 『정의공보』를 복간한 것이다. 이회영은 동지들이 새로운 기관지를

발간한 것을 기뻐하며 축시를 기고했다. 이후『탈환』은 1930년 초까지
발행되어 민중직접혁명론과 아나르코 코뮤니즘anarcho communism을 활발
히 선전했다.

11 다물단과 김달하 사건

다물의 정신으로 친일파를 척결하다

이회영은 1924년 4월 재중국조선무정부주의자연맹을 결성하기 전부터 자신의 평생 동지인 신채호·류자명과 함께 베이징에서 의열투쟁을 전개할 별도 조직을 지도한 것으로 보인다. 1923년경 조직된 것으로 알려진 다물단多勿團이 그것이다. 이회영의 아들 이규창의 회고에 의하면, 다물단은 이회영의 형인 이석영의 아들 규준과 이회영 첫 아들 규학, 그리고 이성춘 등 젊은이들이 의열단의 참모장인 류자명과 상의하여 만든 단체라 한다. 또 그는 맏형 이규학의 심부름으로 신채호 선생의 다물단 선언문을 전해주었다고 진술한 적이 있는데 이는 다물단의 정신적 지도자가 신채호였음을 짐작하게 하는 대목이다.

이정규 역시 이석영의 아들인 이규준이 직접 행동 단체로서 다물단을 조직했으며, 이회영이 운동의 정신과 요령을 지도했다고 전하고 있다. 이러한 진술을 모아볼 때, 이회영과 신채호는 「조선혁명선언」 발표 이후 베이징에서 열혈 청년들을 모아 의열단과 같은 직접 행동 단체를 지도했음을 알 수 있다.

다물단의 '다물'이란 '옛 고조선의 영토를 되찾자'는 고구려 말로서 일제에 빼앗긴 조선을 되찾자는 뜻과 '모든 일을 비밀리에 처리한다'는 함구의 의미를 담고 있다. 최초의 단장은 베이징대학 유학생인 황해관이 맡았으며 이듬해인 1924년 겨울 즈음 단원이 약 40명에 이르렀다. 이들 단원들이 서간도 일대에서 활약 중인 김동삼과 왕래를 한 것으로 보아 만주 지역에서 결성된 다물청년당과 밀접한 관련이 있는 것으로 추정된다.

이회영이 다물단을 지도하면서 류자명과 함께 주도한 일은 일제의 고급 밀정 노릇을 일삼던 김달하金達河를 처단한 사건이다. 당시 북양군벌의 거두인 단기서段祺瑞의 부관으로 일하면서 베이징의 유력 인사들과 접촉이 잦았던 김달하는 이상재와 김창숙 등의 신임을 받고 있었다. 그러나 일제 기록에서조차 조선총독부 촉탁으로 언급될 정도로, 이미 김달하는 1915년경 총독부의 은밀한 사명을 받아 베이징에서 밀정 역할을 수행하고 있었다. 즉 조선독립을 위해 베이징에서 일하는 애국지사들의 비밀을 탐지하여 총독부에 보고하고 고액의 생활비를 타왔던 것이다.

김창숙은 이를 모르고 그와 가까이 지냈는데, 안창호가 이 사실을 귀띔해준 일이 있었고 또 본인도 김달하에게서 경학원 부제학 자리를 제의받은 이후 그의 본색을 알게 되었다. 김창숙은 김달하와 절교한 후 이회영과 상의하였고, 두 사람이 류자명을 불러 대책을 논의했다. 이에 류자명은 의열단 본부와의 논의나 의사 결정 절차를 거치지 않고 재량껏 단원을 동원해 다물단과 합작으로 거사를 결행하기로 했다.

　김달하가 김창숙을 회유하려다 실패한 지 얼마 안 되는 1925년 3월 말 오후 여섯 시. 이인홍과 이기환은 안정문安正門 내의 차련호동車輦胡同 서구내로북 23호 김달하의 집 문을 두드렸다. 하인이 나와 누구시냐고 묻자 두 사내가 달려들어 뒷결박을 짓고 입에 재갈을 물려 한구석에 틀어박아 놓은 채 안으로 들어갔다. 가족과 함께 방안에 있던 김달하가 자리에서 벌떡 몸을 일으키며 손을 바지로 가져갔다. 그러나 그보다 먼저 이인홍이 김달하를 제압하면서 권총을 꺼내들고 다가가 그의 권총을 압수했다.

　두 사람은 가족들을 차례로 묶은 다음 김달하를 뒤채로 끌고 갔다. 그리고 품에서 문서 한 장을 꺼내 탁자 위에 펼쳐 놓았다. 바로 의열단에서 내린 사형선고서였다. 몇 시간 후 겨우 결박에서 벗어난 가족들은 목에 올가미가 걸린 채 시체로 변한 김달하의 시신을 뒤채에서 찾을 수 있었다.

　그런데 이 사건은 결과적으로 이회영 일가에 큰 타격을 입혔다. 먼저 이회영의 딸 규숙이 공안국에 피검되었다. 이 일의 배경에는 사촌 오빠이자 다물단원인 이규준이 있었다. 그 결과 규숙이 집안 내부 사정을 탐문하고 갔다는 사실이 밝혀져 연행됐던 것이다. 이회영 일가의 수난은 이뿐만 아니었다. 아들 이규학이 이 사건과 관련되어 급히 상하이로 도피해야 했다. 그 와중에서 이규학의 두 딸 학진과 을진이 성홍열猩紅熱로 사망했다. 또한 이회영의 6개월 된 어린 아들 규오까지 사망해 이회영은 순식간에 아들 하나와 손녀 둘을 저세상으로 보내야만 했다.

이런 상황에서 겪었을 고초는 일반 사람으로서는 견디기 힘든 것이었다. 월봉 한기악韓基岳이 그 비참한 일들의 뒤를 도맡아서 그나마 불행 중 다행이었다. 설상가상으로 이회영의 어린 딸 현숙마저 뇌막염에 걸리고 말았다. 한기악이 자선 병원으로 데려가 사정사정해서 겨우 입원시켰다. 하지만 병원에서도 손을 놓을 정도로 중증이었다.

이회영 일가의 비운은 여기에서 끝나지 않았다. 김달하가 제거된 후 그 내막을 모르고 있던 부인 이은숙이 아들 규창을 데리고 조문을 갔는데, 이것이 독립운동가 사회에 말썽을 일으켰다. 이은숙은 김달하의 소행은 나쁠지 몰라도 그 부인 김애란은 평소에 가끔 경제적 도움을 주던 처지였으므로 예의상 조문을 간 것인데, 우당이 김달하의 죽음을 애석하게 여겨 부인을 조문 보냈다는 엉뚱한 소문으로 번졌던 것이다.

당시 이런 비난이 얼마나 높았는지 한세량의 집에 유숙하고 있던 김창숙과 신채호가 절교 편지를 보내온 것을 보아도 알 수 있다. 김달하의 밀정 행위를 성토하고 그의 제거를 함께 논의했던 김창숙이 절교 편지를 보낸 것은 이회영을 밀정으로 의심하고 있음을 보여주는 대목이다. 그만큼 당시 베이징의 한인 사회는 긴장되어 있었다.

이회영은 김창숙의 편지를 받고 그저 탄식할 수밖에 없었다. 그런데 이런 비난은 그에게 대단히 위험한 것이었다. 급기야 다물단 조직을 지도한 그를 다물단 단원들이 감시하는 최악의 상황까지 벌어졌다. 이런 상황에서 돌파구를 연 사람은 이은숙이었다.

이은숙은 아침 일찍 규창을 데리고 집안 식구들 모르게 칼을 지니고 신채호·김창숙이 있는 집으로 갔다. 이은숙은 김창숙과 신채호에게 김달하를 처음 이회영에게 소개한 사람이 누구냐고 따지는 것을 시작으로 남편의 무고함을 주장했다. 또한 김창숙과 신채호에게 이회영이 잘못이 없음을 만천하에 표명하도록 했다. 그렇게 하지 않으면 그 자리에서 자결하겠다는 단호함을 보였다. 두 사람은 오해를 풀고 사과하지 않을 수 없었다. 그 뒤부터 이회영 일가에 대한 부정한 말은 일체 돌지 않았다.

이후 김창숙은 1925년 봄, 이회영과 함께 독립운동의 새로운 방략을 모색한 끝에 내몽골 지방에 독립운동 기지를 건설하고 생활 근거지를 조성하여 무관학교를 설립하기로 합의했다. 제2차 봉직전쟁奉直戰爭과 오패부를 물리치고 베이징 정부의 실권을 장악한 펑위샹馮玉祥에게 교섭한 결과, 수원성綏遠省 포두包頭의 황무지 3만 정보町步를 빌리는 데 성공했다. 김창숙은 그 땅의 개간 및 재만동포의 이주 비용 약 20만 원을 마련하고자 8월에 단신 국내로 잠입하여 비밀리에 모금활동을 펴나갔다.

그러나 의외로 호응이 미미하여 별 성과를 거두지 못하고 결국 황무지 개간 계획을 포기하고 말았다. 대신에 그는 유림들에게 간신히 모금한 3,500원을 가지고 국내에서의 폭탄 투척 거사계획을 추진하기에 이르렀다.

망명자의 숙명, 가난

이회영의 베이징 생활은 점점 어려워졌다. 그가 베이징의 이안정二眼井에서 천안문 남쪽 영정문永定門 안의 관음사 호동胡同으로 이사한 이유도

단순히 집값이 저렴했기 때문이다.

　1년에 두어 차례씩 와서 운동 자금을 주던 임경호가 불필요한 오해 탓에 동료들에게 구타를 당하고 발길을 끊은 것이 결정타였다. 이규창은 이 시절을 1주일에 세 번 밥을 지어 먹으면 재수가 대통한 것이라며 베이징의 최하층민이 먹는 '짜도미'로 쑨 죽 한 사발로 끼니를 때우는 날이 많았다고 회고하였다. 김창숙의 자서전에도 이회영의 어려운 생활 형편이 잘 드러나 있다.

　젊은 동지들이 상하이로 떠난 상황에서 이회영의 어려움은 더해갔다. 결국 이회영은 궁여지책으로 부인 이은숙을 국내로 돌려보낼 수밖에 없었다. 1925년 반 년 동안 김달하 처단 사건의 여파로 반 이상 굶어 지내게 되니 더 이상 방법이 없었다. 이은숙은 국내에 돌아가 생활비라도 다소 마련해 오기로 하고 귀국길에 올랐다.

　부인을 고국에 보냈어도 이회영의 형편은 나아지지 않았다. 상황이 나아지기는커녕 톈진에 살고 있던 이석영 일가와 합쳐야 했다. 영의정 이유원이 물려준 만석 재산을 모두 털어 독립운동에 쓰고 자신 한 몸 의탁할 곳이 없게 되자 그렇게 할 수밖에 없었다. 이석영 부부와 아들이 베이징에 와서 함께 기거하게 되니 그렇지 않아도 궁핍한 생활은 더욱 어려워졌다. 이때의 상황에 대해 아들 이규창은 형수의 입을 빌리는 형식으로 이렇게 자서전에 적고 있다.

　쌀이 없어 종일 밥을 못 짓고 밤이 다 되었다. 때마침 보름달이 중천에 떴는데, 아버님께서는 시장하실 텐데 어디서 그런 기력이 나셨는지 처량

하게 퉁소를 부셨다. 하도 처량하여 눈물이 저절로 난다며 퉁소를 부시
니 사방은 고요하고 달빛은 찬란한데 밥을 못 먹어서 배는 고프고 이런
처참한 광경과 슬픈 일이 어디 있겠는가. 시어머님도 안 계시는데 아버
님 진지를 종일 못 해드리니 얼마나 죄송한가 생각했다.

상하이의 젊은 아나키스트들이 권총과 폭탄을 구해 올라오는 동안
이회영은 톈진으로 이주하기로 결정했다. 이미 어느 정도 알려진 베이
징을 떠나 톈진을 새로운 운동 근거지로 삼기로 한 것이다. 베이징 집에
서는 이석영이 기거하고 이회영은 톈진의 프랑스 조계지 대길리大吉里로
옮겼다. 프랑스 조계지는 내전 때 부호들이 선호한 피난처였기 때문에
집값이 비쌌으나, 일본 영사관 경찰의 수색을 피할 수 있었다. 이회영은
이광의 자금으로 톈진에 집 두 채를 구해 한 채는 이회영 일가가 쓰고,
다른 한 채는 상하이에서 오는 동지들의 숙소로 삼기로 했다.

그동안 무기를 구입해 오라는 연락을 받은 상하이의 아나키스트들은
무기 중개상 조기천을 통해 권총과 폭탄 10여 개를 구입한 후 두꺼운
책을 폭탄과 권총 모양으로 오려내어 넣은 후 다행히 아무 일 없이 톈진
까지 오는 데 성공했다. 톈진에 대거 모인 아나키스트들은 이광이 준 자
금으로 식생활은 해결할 수 있었으나, 점차 생활비가 떨어지면서 다시
곤란을 겪게 되었다. 생활 규모를 줄여야 했으므로 집세가 싼 톈진 남개
의 대흥리大興里에 방 두 칸을 빌려서 이사를 했다. 새로운 일거리도 찾
고 규모도 줄이기 위해서 정화암은 베이징으로 가고, 이을규와 이정규·
백정기만 남게 되었다. 이회영과 이규창 그리고 세 동지가 한 방에 기거

천진의 불조계지. 외국영사관이 많아 일본경찰의 추적을 피할 수 있었다.

하고 다른 방은 송동집 아주머니와 현숙이 썼다.

이 무렵 상하이에서는 한·중·일 세 나라의 아나키스트들이 조직적인 대중운동을 전개하려는 움직임이 크게 일었다. 이들은 대중운동의 두 축인 노동운동과 농민운동을 활발히 전개하기로 방침을 정했다. 노동운동의 방법으로 상하이에 노동대학을 설립해 노동운동가를 조직적으로 배출해 공산주의와 이론적, 실천적으로 맞서 싸우기로 했다. 농민운동 쪽에서는 푸젠성福建省에 농민자위조직인 민단편련처民團編練處를 설립해 군벌, 마적들에 맞섰다.

이 운동에 아나키스트 친왕산秦望山, 천춘페이陳春培, 양용광梁龍光 등이 한국 동지들의 참가를 요청한 것이다. 이을규·정규 형제가 중국 원로 아나키스트 리스청 등과 함께 상하이노동대학의 주비위원籌備委員이 되었다.

이을규는 곧 이회영에게 편지를 보내 이 대학에 중·고등학교를 부설하기로 했다면서 이규창을 상하이로 보내라고 했다. 학비를 면제해 줄 뿐만 아니라 장차 대학까지 갈 수 있다는 희소식이었으나, 불행히도 상하이까지 갈 여비가 없었다. 뱃삯이 6원이었는데, 가진 돈을 모두 합해야 2원밖에 안 되어서 무임승차하는 수밖에 없었다. 선표船票가 없으면 식사를 할 수 없었는데 다행히 배에서 오송吳淞 대학생들을 만나 그들이 규창을 일본과 싸우는 고려 독립운동가 자손이라며 밥을 사주었다.

이규창은 상하이의 프랑스 조계 애인리愛仁里 12호를 찾았다. 김달하 처단 사건에 연루되어 상하이로 피신한 이회영의 아들 이규학의 거처였다. 규창이 고생 끝에 도착했으나, 중국 정세가 복잡해지는 바람에 노동

이회영의 아들 규창이 다녔던 톈진의 남개중학. 항일지사 장백령의 배려로 무료로 입학수속할 수 있었다.

대학과 부설 중학교 개교가 불투명해졌다. 규창은 어렵게 찾아온 상하이를 떠나 톈진으로 되돌아갈 수밖에 없었다. 그나마 이규학과 이을규·정규, 류자명 등이 여비를 보조해주었고, 게다가 김구가 자기의 지갑을 몽땅 털어 대양大洋 3원을 준 것도 보탬이 되었다.

다시 톈진으로 돌아온 규창은 명문 남개南開 중학교 입학시험을 치러 합격했다. 그러나 등록금이 있을 리 없었다. 규창은 어린 나이에 학교 창설자인 장백령張伯苓을 찾아가 사정하는 용기를 냈다. 청년 저운라이周恩來를 은신 시켜주기도 했던 항일지사 장백령이 다행히 열심히 공부해 한국 독립에 이바지하라는 말과 함께 무료로 입학 수속을 해주었다.

그러나 이런 생활도 오래가지 못했다. 1926년 12월 일어난 나석주

羅錫疇 의사의 동양척식주식회사 투탄 사건과 관련해 이듬해 4월 톈진의 일본 영사관에서 이회영의 집을 찾아온 것이다. 나석주는 류자명을 통해 김창숙을 만났고, 이회영의 집에 감춰두었던 권총과 무기를 받아 거사에 임했다. 일본 영사관의 체포를 면한 이회영은 구러시아 공사관 공원으로 피신했으나, 추적은 계속되었다. 이에 이회영은 상하이로 피신하기로 하고 두 딸을 톈진에서 운영하는 빈민구제원에 보내고, 아들 규창과 김사집을 대동해 무전여행을 떠나기로 했다.

1927년 5월 3일 새벽, 세 사람은 몰래 집을 나서 상하이로 가는 진포선 철로를 따라 걷기 시작했다. 톈진을 떠난 그들은 하북성을 지나 산동성 평원을 거쳐 제남까지 닿았다. 굶으며 걷기를 계속해서 근 3개월 만에 도착한 곳이 강소성 서주였다. 이회영 일행은 서주에서 200여 리 남쪽에 떨어진 숙현에 도착했는데, 이곳에서 이회영은 돌연 톈진으로 돌아가겠다고 했다. 보따리마저 도둑맞아 돈도 떨어져 수천 리 상하이까지 갈 수 없을 뿐 아니라, 지금쯤 일본 영사관에서도 이들 찾는 일을 포기했으리란 판단에서였다.

무전여행을 한다는 편지에 놀란 이은숙은 부랴부랴 일주일 후에 조선은행을 통해 10원을 보내주었다. 이회영은 그 돈으로 천진의 빈민가인 금탕교 소왕장小王莊에 방을 한 칸 얻었다. 전당포에 잡힌 이불을 찾아와 덮으니 비록 톈진의 빈민가 토방土房이지만 수개월 만에 처음으로 자보는 편안한 잠이었다. 하지만 겨울은 다가오고 생활비는 다시 떨어져갔다. 그때가 1927년 겨울, 이회영이 이미 환갑을 넘은 나이였다.

이회영의 톈진 생활은 극도의 가난 그 자체였다. 하지만 이러한 가난

텐진 일본총영사관(위), 나석주의거 관계로 이회영을 체포하려 하였다. 텐진의 일본영사관 구지

속에서도 그의 내면은 신념으로 가득 차 있었다. 그는 이미 향후 항일투쟁의 방략뿐 아니라 독립된 한국사회의 운영과 국제 관계까지도 깊이 숙고했다. 이러한 사실은 바로 이 무렵, 이회영을 찾은 젊은 혁명가 김종진을 아나키스트로 인도하는 대목에서 잘 나타나 있다.

자유연합 사상으로 새로운 사회 건설을 12

권력 중심 지배욕을 버리고 자유합의에 근거해야

이제 갓 군관학교를 마친 젊은 항일지사 김종진은 1927년 9월 하순 북만으로 떠나기 전 톈진의 노혁명가 이회영을 찾았다. 김좌진 장군의 처남으로 1925년 4월 윈난성 쿤밍昆明에서 군관학교인 윈난강무학교를 마친 김종진은 이제 막 북만의 김좌진 장군을 만나러 가기 전이었다.

그는 6년 전 베이징에서 이회영한테 신규식을 소개받고, 그의 소개장을 휴대한 채 상하이를 거쳐 홍콩, 베트남을 경유해 쿤밍에서 2년간 정식 사관 군사교육을 받은 전도양양한 청년이었다. 환갑을 넘긴 노혁명가는 빈민가인 남개구의 조그만 토만세방에서 고아 아닌 고아 남매를 데리고 궁핍 절정의 처지에 있었다.

1920년 베이징에서 헤어진 지 무려 7년 만에 고국의 명문가 출신을 이역의 빈민가 토방에서 다시 만난 김종진은 '국파가망 신기로國破家亡 身旣老(나라와 집안이 망한 데다 몸은 이미 늙었다는 뜻)'의 망국한을 가슴 깊이 느끼며 눈물을 흘렸다. 그러나 눈물을 흘리는 김종진의 손을 잡고 이회영은 웃었다.

이회영은 북만주로 가겠다는 김종진의 구상에 근래에 처음 듣는 낭보라며 기뻐했다. 둘은 지나간 이야기로 시작해 장차 앞으로 해야 할 모든 문제와 각지의 제반 사정 등에 대해 이야기를 나누었는데 꼬리에 꼬리를 무는 이야기는 끊일 줄 몰랐다.

둘이 나눌 수 있는 식사는 염죽鹽粥뿐이었다. 한 그릇 죽에 소금 한 종지를 반찬 삼아 시장기를 때우는 이회영을 보는 김종진의 눈에 저절로 안개가 서렸다. 그러나 이회영은 조금도 개의치 않고 상하이와 베이징 등지에서 활약하는 독립운동가들의 패권주의와 파벌적 태도를 강하게 비판하면서 앞으로 북만주에 가거든 잘못된 전철을 밟지 말라고 충고했다. 김종진은 환갑이 넘은 이회영이 아나키스트라니 놀라지 않을 수 없었다.

내가 의식적으로 무정부주의자가 되었다거나 또는 전환하였다고 생각할 수는 없다. 다만 한국의 독립을 실현코자 노력하는 나의 생각과 그 방책이 현대의 사상적 견지에서 볼 때, 무정부주의자들이 주장하는 그것과 서로 통하니까 그럴 뿐이지, '각금시이작비覺今是而昨非(지금 깨달으니 과거가 잘못되었음)'식으로 본래는 딴 것이었던 내가 새로 그 방향을 바꾸어 무정부주의자가 된 것은 아니다.

이는 이회영의 평소 생각과 성향이 자유연합주의와 같았음을 말해주는 대목이다.

또 일부 사람들의 말과 같이 내가 존왕파尊王派였다면 물론 180도의 사상
전환이라 하겠지만, 과거 한말 당시로부터 3·1운동 직전까지 내가 고종
을 앞세우려고 한 것은 복벽적復辟的 봉건사상에서가 아니라 한국 독립을
촉성시키려면 그 문제를 세계적인 정치문제로 제기해야겠는데 그러자면
누구보다도 대내외적으로 영향력을 크게 가질 수 있는 그(고종)를 내세
우는 것이 상책이라고 생각한 데서 취해진 하나의 방책에 불과했던 것이
다. 그것은 대동단의 전협 씨가 의친왕 이강을 상하이로 모셔가려던 생
각과 다를 것이 하나도 없다.

1918년 고종황제를 베이징으로 모시려던 그의 계획 역시 존왕파의
봉건사상 때문이 아니라 대내외의 호응을 얻어 본격적인 독립운동을 전
개하려던 의도였다는 것이다. 나아가 이회영은 다른 사람들처럼 누구의
사상적 영향과 지도를 받고 의식적으로 아나키스트가 된 것이 아니라,
평소 자신의 생각과 성향이 자유연합주의 사상과 맞았다고 했다. 이정
규에 의해 추가된 글에는 이 대목이 분명히 드러난다.

나는 본래 벼슬을 원치 않는 사람이오. 불평등한 신분제도도 본래 반대
하던 사람이다. 독립을 하자는 것도 나 개인을 위한 영욕에서가 아니라,
전 민족이 평등하고 자유로운 행복된 생활을 다 같이 누릴 수 있게 하기
위해서이니만치 그 목적을 달성하기 위해서 알맞은 제도와 구조를 생각

한 끝에 얻어진 결론이니까 이것은 나의 일관된 사상이오. 나의 독립운동의 방향이라고 나는 믿는 까닭에 이런 나의 생각이 무정부주의 사상과 공통된다고 하여서 나보고 사상적 전환을 하였다고 하는 그런 의견에는 나는 수긍할 수가 없다. 따라서 사심이 없고 공정무사한 민족적 양심을 지닌 사람이라면 당연히 나와 같은 주장을 가질 것이라고 생각하는 바이다.

이회영이 자기가 아나키스트가 된 이유와 그간의 행적에 대해서 솔직히 설명하자, 김종진은 자기가 그간 아나키즘에 대해 갖고 있던 의문에 대해 물을 자신이 생겼다.

무정부주의자들의 방법론인 자유연합이란 것은 말은 그럴듯하지만 너무 산만하고 허황된 것이 아닙니까? 더욱이 우리처럼 독립운동을 하는 처지에서 볼 때 그런 이론을 가지고는 도저히 일제와 싸워 이길 것 같지 않습니다.

강력한 일제와 싸워 이기려면 철의 규율을 강조하는 공산당처럼 강력한 정당이나 군대 등 조직체가 필요하지 않느냐는 질문이었다. 이회영의 답은 조금 달랐다.

독립운동자의 견지에서 나는 자유연합이 가장 적절한 이론이라고 생각한다. 현실에서 모든 운동자들이 자기 사상은 어떻든 간에 실제에서 무정부주의의 자유연합 이론을 그대로 실행하고 있는 거다. 3·1운동 이전은 말할 것도 없고, 그 이후부터 지금까지 숱한 단체와 조직이 생겼지만 그들 사이에 단원 자신들의 자유의사에 의하지 않고 강제적 명령에 맹종하여 행동한 사람이 누가 있으며, 그러한 단체가 어디 있는가. 남들이 강철의 조직이라고 강제와 복종의 기율을 생명으로 하는 공산당이라 해도 그것은 적색 러시아처럼 자기들의 정치권력이 확립된 이후의 말이지, 그들도 혁명당으로서의 혁명 과정에서는 운동자들의 자유합의에서 행동했던 것이다.

듣고 보니 맞는 말이었다. 김종진 자신부터 어떠한 것이 독립운동에 적합한 노선인지 판단해 그 길을 선택하려는 것이지 누구의 강요에 의해서 노선을 정하는 것은 아니었다.

목적이 수단과 방법을 규정짓는 것이지 수단과 방법이 목적을 규정할 수 없다는 확고한 견지에서 볼 때, 한 민족의 독립운동이란 그 민족의 해방과 자유의 탈환을 뜻한다. 그러므로 이렇게 확고한 자각과 목적의식이 투철한 사람들이 하는 독립운동은 운동 자체가 해방과 자유를 의미하는 것이다. 거기에는 오직 운동자들의 자유합의가 있을 뿐이니 이것은 이론으로도 당연한 것이다.

김종진은 운동 자체가 행방과 자유를 의미한다는 이회영의 말에 커다란 깨달음을 얻었다. 이회영은 극도의 빈곤 속에서도 좌절하기는커녕 확신에 가득 차 있었다.

동서고금을 통해 해방운동이나 혁명운동은 자유와 평등을 추구하는 운동이고 운동자 자신들도 자유의사와 자유결의에 의해 수행하는 조직적 운동이었다. 그 형태는 어떠하든지 사실은 다 자유합의의 조직적 운동이었다.

김종진은 아무에게도 강요하지 않고 자유합의에 의한 운동을 추구한다는 아나키즘에 큰 매력을 느끼게 되었다. 김종진 역시 그동안 독립운동 진영에 나타난 불미스런 분규와 난투가 사실 권력 중심의 지배욕에 원인이 있음을 간파했고, 이를 근절하는 방법이 무엇일까 고민했었다. 그러면서 그는 권력 집중을 배제하는 자유합의의 이론에 근거한 조직이라면 이른바 '감투'가 없으니 가장 적절한 방안이라고 생각하게 되었다.

이회영은 자기 개인 욕심을 버리고 오직 일만을 위하여 생각하는 사람이라면 쓸데없는 자기 고집 없이 공정한 사물의 판단이 내려지는 것이며 솔직히 남의 의견을 따를 수 있는데, 김종진도 자기의 고집을 버리고 남의 의견을 받아들이는 것을 보니 역시 무정부주의자가 될 만한 기질을 가진 사람이라고 말해 방 안은 한바탕 웃음꽃이 피었다.

상호부조하여 자유연합적 대동의 신세계로

그간 독립운동에서 나타난 지방색과 일부 개인 중심의 파벌들에 대해

회의적이었던 김종진에게 사욕을 버리고 일을 위주로 생각한다는 아나키즘은 높은 이상으로 다가왔다. 그러나 아직도 확인하고 싶은 것이 많았다.

"장차 우리가 독립을 전취戰取한다면 어떤 사회를 건설해야 하겠습니까?"

"자유평등의 사회적 원리에 따라 국가와 민족 간에 민족자결의 원칙이 섰으면, 그 원칙 아래서 독립한 민족 자체의 내부에서도 또한 이 자유평등의 원칙이 그대로 실현되어야 하네. 국민 상호 간에는 일체의 불평등, 부자유가 있어서는 안 되네. 자유 합의를 바탕으로 한 운동자들의 조직적인 희생으로 독립이 쟁취된 것이니까 독립 후의 내부적 정치구조는 권력의 집중을 피하여 지방 분권적인 지방자치제를 확립해야 하고, 아울러 지방자치제들의 연합으로 중앙정치 기구가 구성되어야 할 것이네."

"경제체제는 어떠해야 하겠습니까?"

"경제 관계는 재산의 사회성에 비추어 일체 재산의 사회화를 원칙으로 하고 동시에 사회적 계획 아래 관리되어야 하네. 하지만 이 경우 사회적 자유평등의 원리에 모순이 없도록 관리와 운영이 합리화되어야 할 것이네."

"교육은 어떻게 해야 하겠습니까?"

"교육은 물론 사회 전체의 비용으로 부담하고 실시되어야 하네. 가난하다고 해서 교육의 기회를 갖지 못하면 안 될 것이네."

김종진은 이회영의 대화에서 이상에 가까웠던 개념들이 현실로 다가
오는 것을 느꼈다. 반대하려야 반대할 이유가 없었다.

"선생님의 이러한 구상과 무정부주의 이론과의 관계는 어떠합니까?"
"무정부주의란 사회개혁의 원리네. 그 기본이 되는 자유합의 이론과 자
유평등의 원칙을 살려서 그 사회 현실에 맞도록 실현하면 될 것이네. 우
리가 지금 논의한 이런 모든 점들은 새 사회의 기본으로서 한국의 무정
부주의자들도 대략 다 찬성할 것이네. 무정부주의는 공산주의와 달라서
꼭 획일성을 요구하는 것은 아니니까, 그 기본 원리를 살려 나가면서 그
민족의 생활습관이나 전통과 문화, 또는 경제적 실정에 맞게 적절히 변
화를 가미하면 될 것일세."

김종진은 여기에서 이회영의 아나키즘이 '만인이 평등하다'는 원리
를 실천해나가면서도 공산주의처럼 프롤레타리아 독재에 빠지지 않고
개인과 사회의 자유를 확장할 수 있는 현실적인 방책임을 깨달을 수 있
었다. 아나키즘이야말로 '자유와 평등'이라는 두 마리 토끼를 다 잡을
수 있는 이론이라고 판단한 것이다. 그가 다시 물었다.

"우리가 그런 이념 아래 독립을 성취했다고 할 때, 이념을 달리하는 국가
들과 국제 관계는 어떻게 되겠습니까?"
"무정부주의의 궁극의 목적은 대동의 세계, 즉 하나의 세계를 만드는 데
있는 것이니 각 민족 또는 각 사회군이 궁극적으로 하나의 자유연합적

세계기구를 만들어 연결해야 할 것이다. 각 민족 단위의 독립된 사회가 완전히 독립적인 주권을 가지고 자체 내의 문제나 사건은 독자적으로 처리하는 한편 다른 사회와 관계된 문제나 공동의 과제에 대해서는 연합적인 세계기구가 토의 결정하여 실행해나가면 될 것이다.

그 단위 사회는 독립된 주권이 확립되어 있으니 한 국가가 아니겠는가 할 것이나, 그것을 국가라 하여도 무방하지만 세계연합의 일원인 까닭에 마치 미합중국의 각 주가 한 주이지 독립국가는 될 수 없는 것과 마찬가지 아닐까? 그러나 그때에는 이미 한 사회라는 말과 한 국가라는 말이 동일 개념의 어휘가 될 것이다.

그렇지만 그것은 궁극의 결과를 말하는 것이니까 별개의 문제로 하고 현재와 같은 국제 관계에서도 공산 러시아와 같이 1국 1민족이 특수한 이념과 정치태세로서도 독립할 수 있는 것이니까, 그런 것을 상정할 때 독립 한국은 어떠한 것인가 생각할 문제이다. 독립 한국으로서는 대외 관계가 이해 대립되는 관계이기 때문에 별 수 없이 한 독립된 국가로서 국제 관계가 맺어져야 할 것이다. 또 치안과 국방문제도 일어날 것인데 이런 외교·국방·무역관계·문화교류 등 모든 문제는 한 사회의 중앙연합 기구, 즉 중앙정부에서 다루어야 할 것이다."

두 사람은 이러한 새로운 독립사회 이론이 실제 문제이므로 현실과 부합하는 합리적인 방안을 연구해야 한다고 결론지었다. 수일을 두고 이회영은 김종진과 진지한 대화를 나누었다. 이회영은 크로포트킨의 상호부조론을 잘 이해하고 있었다.

"인간은 선사시대부터 상호부조하고 협동노작協同勞作하는 사회적 본능이 있어 왔네. 때로는 이기적인 투쟁도 하지만 그보다는 양보와 협동으로 상호 간에 더 큰 이익을 보았을 뿐만 아니라 고립해서는 생을 유지하지 못한다는 것을 아는 까닭에 충돌과 투쟁을 피하고 타협과 이해로써 생존의 본질적 문제를 해결해 왔고, 현재도 그렇다네."

"현재 사회는 양보와 협동보다는 이기적 투쟁이 더 앞서지 않습니까?"

"현재 나타나고 있는 인간상호 간, 사회상호 간의 증오와 불신은 과도기적인 것이요, 불변의 것도 아니네. 태고로부터 연면히 내려온 인간성의 본능은 선한 것이네."

이을규, 『是也 金宗鎭先生傳』

김종진은 평생을 타협 없이 살아온 노혁명가 이회영에게서 진정한 인본주의, 나아가 세계평화주의자의 모습을 보았다. 그는 공의를 위해 자신의 모든 것을 바치면서도 결코 남을 억압하려 하지 않았다. 그는 극도의 가난과 궁핍을 겪으면서도 절대 독립의 이상과 새 나라 건설의 희망을 잃지 않고 있었다. 더구나 그는 남을 억압하지 않으면서 공의가 실현되는 진정한 평화 사회를 위해 싸우는 휴머니스트, 상호부조와 공존 공영의 이상사회를 꿈꾸는 세계 평화주의자였던 것이다.

상하이노동대학과 동방아나키스트연맹 13

상하이노동대학과 천주 민단편련처운동

1927년 3월 국민당의 장제스 북벌군이 중국의 심장부인 우창武昌과 한 커우漢口, 난창南昌을 석권하고 드디어 난징과 상하이를 무난히 점령했 다. 이로써 쑨원이 죽은 지 2년 만에 국공합작에 의한 중국 국민혁명이 눈앞에 보이는 듯했다.

그러나 공산주의자들이 1927년 5월 30일 상하이에서 총파업과 무장 봉기를 일으키면서 사태는 다시 국공 분열의 조짐으로 나아갔다. 난징 정부는 아나키스트 원로인 차이위안페이와 우즈후이, 리스청 등에게 노 동조합에서 공산주의 세력을 제거하는 '청당淸黨운동'을 주도했다. 공산 주의 세력을 제거하고 건전한 노동운동을 이끌어가기 위해서는 이를 담 당할 일꾼이 필요했다. 이리하여 노동운동 지도자 양성기관으로서 노동 대학을 구상한 것이다.

1927년 봄 중국의 대표적인 아나키스트이자 국민당 중진인 리스청

1927년 중국 국민당 정부에 의해 설립된 상하이 노동대학. 이을규 형제와 일본 아나키스트들이 참여해 동아시아 연대의 정신을 보여주었다.

과 차이위안페이·우즈후이 등의 발의에 따라 상하이노동대학은 난징 국민당 정부에 의해 정식 설립되었다. 설립 준비 실무위원으로 정부 측에서 리스청과 우즈후이, 장징장張靜江이, 학계에서 심중겨우沈仲九 교수가 담당했다. 여기에 한인인 이을규·정규 형제와 일본의 저명한 아나키스트인 이와사 사쿠타로岩佐作太郎를 객원교수로 초빙한 것이다.

상하이노동대학은 정규 교육과정의 노공학원에 단기 훈련과정으로 노공요원 양성소를 부설하기로 했다. 이을규·정규 형제와 이와사 사쿠타로 등 실무주비위원들은 양성소를 1927년 7월 1일에, 정규 대학과정은 9월 1일 개학할 것을 결정하고 준비를 서둘렀다.

주비위원들은 교과목 편성과 교강사로는 일본의 저명한 아나키스트인 이시카와 산시로石川三四郎와 에스페란티스트 야마가 타이지山鹿泰治, 그리고 프랑스의 폴 루크류(엘리제 루크류의 동생)를 초빙하기로 했다. 노동대학에서는 에스페란토와 프랑스어가 필수과목이었고 사회문제를 비롯해 사회주의의 역사, 국제 노동운동의 역사, 세계 현대사, 노동문예, 사회보장법과 노동법, 사회진화론의 역사, 문화가치 진화의 이론 등을 필수과목으로 선정했다. 이후 난징정부 교육부의 교육지침에 따라 군사훈련과 당의 이념 등 삼민주의 교육이 필수과목이 되는 등 상당히 변화된 모습을 보여주었다. 이처럼 노동대학은 공산주의 이념과 대항할 인재 양성을 목표로 중국 아나키스트들이 국민당 세력과 협력하여 야심찬 실험을 시도했지만, 처음부터 국민당과 정부에 전적으로 의지해 출발했다는 치명적인 약점을 가지고 있었다.

노동대학의 개교준비에 밤잠을 설치던 6월 중순경, 이을규·정규 형제는 돌연 중국 동지인 양용광과 친왕산으로부터 푸젠성 취안저우泉州에서 농촌 청년들을 조직, 훈련하여 자위조직으로 양성하자는 제안을 받았다. 이들은 토비와 공산주의 세력으로부터 농촌조직을 보호할 인재를 양성하기 위해 '진강현 선전원양성소'를 설치했는데, 정작 농촌운동의 방향을 지도할 인재를 찾고자 온 것이다. 노동대학 주비위원들은 격론 끝에 노동대학 건립과 푸젠성 농촌운동을 병행하기로 결의하였고, 이정규는 의열단 출신인 이기환과 류기석(일명 유서)에게 도움을 요청해 함께 샤먼厦門 교외의 양성소로 집결했다.

7월 1일부터 선전양성소의 강의를 시작했는데, 이정규가 서양사회

운동사와 공산주의 비판, 신정치론, 농촌사회조직론 등을 맡았고, 류기석이 신경제학과 자본주의 사회해부 등을 강의했다. 이들은 아침 6시부터 밤 9시까지 학과 강의와 수양 강좌를 비롯해 총검술과 토론회 등으로 바쁘게 교육했지만, 학생과 선생이 조금도 피로나 염증을 느끼지 않고 단합된 분위기에서 진행했다고 한다.

이 무렵 이을규와 이정규는 각각 베이징의 이회영에게 편지를 보내 운동의 진행 상황을 설명하고 자문을 구했다. 상하이에 남은 이을규는 노동대학의 설립 취지와 현재 준비 상황을 설명하면서, 이 대학에 중학교도 부설하기로 했다면서 아들 규창을 상하이로 보내라는 편지를 보냈다.

푸젠성 취안저우에 내려 간 이정규도 백정기를 통해 노동대학 소식과 푸젠성 농민자위군 운동 참여 소식을 보고했다. 이 소식을 들은 이회영의 가슴은 뛰었고 노구를 이끌고 성원하러 가고 싶은 생각이 간절했으나 실행하기 어려웠다. 이정규는 베이징의 노스승이 그저 서신으로만 수천 리 밖에서 계속 격려는 보냈다고 회고했다.

1927년 9월 무렵 푸젠성 농민운동에 이을규와 유지청劉志青이 합류했다. 이들은 때마침 공산군을 추격하는 국민당군의 제안으로 취안저우와 융춘永春 일대를 중심으로 농촌자치, 자위조직의 교육을 맡게 되었다. 이 조직은 그해 10월 '천영이속泉永二屬 민단편련처民團編練處'로 명칭을 바꾸어 편성했는데, 한인으로는 비서장 이정규와 회계 이을규를 비롯해 교육선전부에 류기석, 훈련지도부에 이기환과 유지청이 각각 배치되어 완전히 한·중 합작체제를 갖추게 되었다.

1927년 상하이 노동대학 설립에 이어 푸젠성 취안저우에서 활동한 민단편련처의 한·중·일 동지들(앞줄 왼쪽 두 번째 이기환, 네 번째 이정규, 뒷줄 첫 번째 양용광, 세 번째 이을규, 네 번째 친왕산, 다섯 번째 이와사 사쿠타로, 여덟 번째 류기석, 아홉 번째 유지청).

'자유자치'와 '협동노작', '협동방위의 생활'을 강령으로 삼은 민단편련처는 향토방위를 위해 무장부대를 조직하고 마프노 전법의 훈련을 시작했다. 다행히 남양화교들에게서 무기 구입 자금 지원도 약속받았다. 그러나 1928년 토비들의 급작스런 공격으로 취안저우에서 철수해야 했으며, 약속한 재정 지원도 중단됨에 따라 편련처운동은 중지될 수밖에 없었다. 게다가 이기환이 일본 영사관에 구금되는 사태마저 발생했는데, 이때 마침 찾아온 정화암 등에 의해 가까스로 구출되기에 이르렀다. 만 10개월에 걸친 민단편련처운동은 이렇게 실패하고 한인 아나키스트들은 모두 상하이로 철수하고 말았으니, 이때가 1928년 5월의 일이다.

동방아나키스트연맹, 자유연합적 국제연대운동의 효시

1928년 5월 상하이로 철수한 이을규·정규 형제와 정화암, 류기석 등은 재중국무정부공산주의자연맹(이하 '무정부공산연맹')을 결성하기에 이르렀다. 이 연맹은 곧 4년 전 폐간된 『정의공보』를 복간하는 의미에서 그해 6월 1일자로 『탈환』을 발간하며 아나키즘 사상을 선전하기 시작했다. 또한 중국, 일본 동지들을 비롯해 대만 등 각국 동지들과 협의하여 일제의 무력 침략과 공산주의 국제연맹의 전횡에 맞설 새로운 국제연대 기구의 결성을 모색했다.

아나키스트들의 국제연대 운동은 1920년 10월 오스기 사카에가 극동사회주의자회의에 참석하기 위해 중국 상하이로 밀항하면서 비롯되었다. 그는 제국주의 침략에 반대하는 동아시아 아나키스트들이 상하이에 모여 전체 대회를 열 것을 주창했으며 의열단 단장 김원봉과도 만나 일본혁명을 위한 연락 기관 설치에 동의했다. 1923년 9월 오스기 사카에가 일본 헌병 대위에게 학살당하자, 아나키스트들의 국제연대는 1926년경 신채호와 류기석, 이정규 등 한인들과 대만 출신 린빙원林炳文 등에 의해 계승되어 추진되었다.

이 무렵 베이징에서는 코민테른의 지침에 따라 민족주의 진영과 공산주의 진영의 연합전선 형성과 유일당 운동이 전개되고 있었다. 이에 아나키스트들은 민족유일당 결성을 '무분별한 합작으로 인한 운동의 방기'로 보고 코민테른의 전횡에 맞설 아나키스트들만의 국제협력기구를 만들자는 움직임이 활발하게 진행되고 있었다.

1926년 여름 린빙원은 상하이에서 중국, 일본, 조선, 인도 등의 아나키스트들로 구성된 국제적 연대조직을 결성하기 위해 준비회의를 가졌다. 고토쿠 슈스이의 비전운동에 큰 감명을 받고 아나키즘을 수용하게 된 신채호는 오직 현 제국주의 제도에 대한 불평과 약소민족의 미래를 위해, 그리고 아나키즘으로 동방의 기성단체를 변혁하여 다 같이 자유로써 잘 살기 위해 이 운동에 참여했다고 진술했다.

류기석은 1926년 12월 한 신문에 아나키스트대연맹의 조직을 주장하는 글을 싣고, 대회 이전의 예비대회를 열자고 주장하였다. 그는 이 대회를 위해 모임 장소와 시기를 비롯해 토론문제 등 참석자들이 토론할 내용까지 구체적으로 제안했다. 이에 따르면, 대회의 발기인은 중국의 민종사와 민중사, 그리고 조선흑치단 등이 맡고, 먼저 동아무정부주의자대연맹 기성회를 조직해 각국의 혁명 방략과 연락 및 선전문제, 대회선언문 작성 등의 준비 사항을 제시했다.

이러한 준비 과정을 거쳐 1927년 9월 중국 톈진에서 무정부주의자동방연맹(이하 '동방연맹')이 조직되기에 이르렀다. 즉 중국 광둥의 아나키스트인 수젠泰健의 발의로 조선·중국·일본·대만·베트남·인도·필리핀 등 7개국 대표 120여 명이 모여 창립대회를 개최했다. 이 대회를 통해 참석자들은 각기 자기 나라에서 서로 긴밀한 연락 기관을 설치할 것과 본부를 상하이에 둘 것 등을 결의했다. 나아가 이들은 동방연맹의 창립 목적이 동아시아 국가들의 국제 변혁과 모든 사람이 자유롭게 잘

사는 이상사회를 건설하는 데 있음을 분명히 하였다. 일본인으로는 사노 이치로佐野一郎와 야다베 무우지谷田部勇司 등이 참여했다.

한국 측 대표인 신채호는 일본 흑우회에서 『현사회現社會』를 발행한 바 있는 이필현과 함께 대회에 참석한 이후, 결정 사항을 실천에 옮기기 위해 1928년 4월 텐진에서 한인 중심의 아나키스트대회를 개최했다. 대회 참석자들은 연맹의 선전기관을 설치하여 선전문을 세계 각국에 발송하고, 러시아인과 독일인 폭탄 제조기사를 초빙하여 폭탄과 총기를 제조하여 일제 고관 암살과 기관 파괴를 꾀하기로 했다. 이들은 또 선언문을 발표했는데, 작성자는 단재 신채호였다.

"세계의 무산대중, 그리고 동방 각 식민지 무산민중의 피와 가죽과 살과 뼈를 짜 먹어온 자본주의 강도제국強盜帝國 야수군野獸群은 지금에 그 창자, 배가 터지려 한다"고 포문을 연 신채호는 "우리 민중은 알았다. 깨달았다. 그들 짐승의 무리가 아무리 악을 쓴들, 아무리 요망을 피운들, 이미 모든 것을 부인한, 모든 것을 파괴하려는, 세계를 울리는 혁명의 북소리가 어찌 갑자기 까닭 없이 멎을 쏘냐"라고 혁명의 시기가 다가오고 있음을 설파했다.

신채호는 이 선언문에서 한국만이 아닌 동양 사회의 혁명을 주장하면서 우리의 생존은 곧 우리의 생존을 빼앗은 적을 섬멸하는 데서 찾을 것이라며 투쟁으로 민중을 해방시키자고 주장하고, 우리 동방민족의 혁명이 만일 급속도로 진행되지 않으면 동방민족은 그 존재를 잃을 것이라면서 동아시아 민중의 단결과 투쟁을 강조했다. 이 베이징회의에 대해 자세한 기록은 현재 전하지 않지만, 다음과 같은 결의를 한 기록은 남아 있다.

- 불순을 극한 현하의 조선 민족운동 반대
- 일체의 정치 운동 부정
- 사이비 혁명의 허식인 공산전제의 배척
- 공산당 이용주의자의 애매한 사대주의 사상의 청산

신채호, 「선언문」(안병직 편, 『신채호』)

이후 동방연맹은 활동 자금을 마련하기 위해 특단의 대책을 마련했다. 베이징우편관리국 외국위체계에 근무하는 대만인 아나키스트 린빙원이 외국위체(환)를 위조하기로 한 것이다. 린빙원은 외국위체 200매를 위조 인쇄해서 베이징우편관리국을 통해 일본·대만·조선·만주 등지에 있는 주요 32개소의 우편국에 유치위체留置爲替로 발송했다. 총 6만 4천 원에 달하는 거금이었다.

린빙원이 조선과 만주 지역을 맡고, 이필현은 일본 지역, 신채호는 대만 지역을 맡아 돈을 찾아오기로 했다. 린빙원은 1928년 4월 25일, 만주의 다롄은행에서 위체 2천 원을 다롄화북물산공사의 장동화란 이름으로 찾아서 베이징의 이필현에게 부치는 데 성공했다. 이에 고무된 그는 계속해서 일본 모지門司를 거쳐 고베에 도착해 일본은행에서 2천 원을 찾으려다 그만 일본 경찰에 체포되고 말았다.

신채호 역시 5월 8일 일본을 거쳐 대만 기룽基隆항에 상륙하려다 체포되어 다롄으로 호송되었다. 또한 이필현과 이경원도 각각 톈진과 고

베에서, 그리고 중국인 양지칭도 이 사건으로 체포되었으니, 일제가 얼마나 동방연맹의 활동을 예의주시했는지 짐작할 수 있다. 린빙원은 다롄경찰서에서 심한 고문을 받아 8월에 사망하였다.

한국의 아나키즘운동이 진정한 독립운동이다

신채호 등의 체포로 동방연맹의 활동이 위축되자, 류기석과 이정규를 비롯해 일본인 아카가와 가와라이赤川啓來, 중국인 마오이보·왕수런·덩밍셴 등은 조직을 재정비했다. 이들은 1928년 6월 14일 상하이 프랑스 조계의 이매로에 위치한 화광의원에서 회합을 가졌다. 화광의원은 쓰촨성 출신 덩밍셴이 일본 유학 시절에 아나키스트가 되었다가 귀국 후 개원한 곳으로, 상하이 아나키즘 운동의 중심지였다.

이에 한국·중국·일본 동지들을 비롯해 베트남·인도·필리핀 등과 기타 6개국 지방 유지 대표 등 백 수십 명의 대표들이 대회에 참석했다. 그 결과 정식으로 동방무정부주의자연맹(일명 O.A.F, 이하 '동방A연맹')을 결성하기에 이르렀다. 동방A연맹은 서기부 위원으로 이정규와 아카가와 가와라이, 마오이보, 왕수런 등을 임명했다. 이회영은 이 대회에 「한국의 독립운동과 무정부주의운동」이란 제목의 글을 보냈다. 그는 한국의 무정부주의운동은 진정한 독립운동이라고 밝히고, 이번에 갖는 동방대회는 한국 독립운동을 위한 일이니 각국의 동지들은 적극적으로 성원하라며 참가한 각국 대표들에게 호소했다.

이 글의 원본은 현재 남아 있지 않지만, 그가 얼마나 한국의 독립을 열망하며 세계 각국의 혁명가들에게 호소했을지 짐작할 만하다. 또한 이회영이 아나키즘을 한국의 독립운동과 같은 차원에서 바라보았음을 보여주는 것이어서 주목된다. 즉 이회영에게 있어 아나키즘은 민족주의의 또 다른 형태인 동시에 완결형이었던 것이다.

이러한 노혁명가의 호소는 곧 그 자리에 모인 각국 대표들에 의해 결의안 중 하나로 채택되기에 이르렀다. 이규창의 증언에 의하면, 동방A연맹은 이후에도 두 차례에 걸쳐 집회를 가졌는데, 중국 아나키스트 원로인 리스청과 우즈후이, 후한민胡漢民과 루쉰 등이 참석했으며, 리스청이 배후에서 지도했다고 한다.

동방A연맹의 서기국은 제1차 사업으로 기관지『동방東方』을 발간했다. 이정규는 1928년 8월 20일자 창간호에「동방무정부주의자에게 고한다」라는 논문을 실어 동방 각 제국 동지들의 단결을 강조하였다. 연맹의 원로격인 이회영이 결성을 축하하는 의미에서 묵란墨蘭을 실었다. 이회영의 묵란은 그 필치가 대원군 이하응의 작품과 거의 비슷하여 웬만한 눈으로는 구별할 수 없을 정도의 운란雲蘭이라는 높은 평을 받았다.

동방A연맹은 '철의 규율'을 강조하는 공산주의자들의 국제적 지도조직인 코민테른과는 달리, 각자의 또는 각 나라의 자유로운 개인들이 자유연합적 사상을 갖고 자율자치 원칙을 갖고 있었다. 이들은 이에 따라 동아시아 민중의 해방운동을 지도해나가야 한다는 취지를 밝히고, 실제 그렇게 조직을 운영했다.

이 연맹은 각 개인의 자유는 물론 각 민족의 자주권을 침해하지 않는

범위 내에서 서로 긴밀한 연락 기관을 두는 한편, 서로 평등한 조직 형태를 추구했다. 류기석은 이 연맹이 코민테른과 같은 명령 기관이나 혁명의 총사령부가 아니므로 "세포를 가지지 않은 과대망상·광적인 공허한 대조직을 요구하지 않는다"면서, 자유연합주의 제도를 근저로 하는 평등한 조직을 추구한다고 주장했다. 그리고 서로 각 민족이 협력하여 나아가야 한다는 의식과 상호부조의 본능을 연맹의 기치하에 지니고 있다고 주장했다.

이처럼 동방A연맹은 제국주의 침략과 코민테른의 독재에 반대하는 동아시아 아나키스트들이 상호 연락과 원조를 위한 자유연합적 국제연대를 추구한 단체라 할 수 있다. 그러나 동방A연맹의 앞에 놓인 운명은 너무나 가혹했다. 신채호의 체포에 이어 1928년 11월 이회영이 아끼던 청년 이정규가 상하이 영사관 관헌에게 체포되어 국내로 압송되고 말았다.

이회영은 장탄식을 금하지 못하면서도 서울에 있는 부인에게 이정규가 피검되었다는 소식을 그의 가정에 통보해 주도록 하는 배려도 잊지 않았다. 신채호와 이정규의 체포 소식으로 괴로워했던 이회영은 자신도 무슨 일을 해야 한다는 결심을 굳히게 되었다.

연맹의 지도자급 인물들이 한꺼번에 일제에 체포됨에 따라 동방A연맹의 활동도 점차 위축되고 말았다. 하지만 사실상 연맹의 주도세력이라 할 한인 아나키스트들의 활동은 이후에도 꾸준히 이어졌다. 특히 류기석과 정화암을 중심으로 한 무정부공산연맹은 1928년 6월 1일부터 기관지 『탈환』을 발행하는 등 활동을 계속했다. 이들은 기관지 『탈환』

을 한·중·일의 3개 언어로 번역하여 만주와 중국 관내를 비롯해 대만과 한국, 일본에까지 널리 배포했다. 『탈환』은 1929년 5월, 6호까지 거의 격월로 발행되었고, 이듬해인 1930년 1월 7호가 간행되었다. 하지만 그 뒤 계속되는 자금난으로 제14호를 끝으로 간행이 중지되고 말았다.

무정부공산연맹은 또 상하이부 명의로 1928년 7월 9일 '상하이 교민에게 알린다'는 제목의 격문을 발행했다. 이 글에서 민족유일당 운동을 주도하던 한인청년동맹 상하이 지부 내의 파벌 투쟁을 비판하고 혁명운동자의 자유연맹이 조직되어야 한다고 주장했다. 8월 19일에는 「신자치파인 공산당을 주토誅討한다」는 글을 발표하여 공산주의자들의 전횡을 폭로했다. 또한 흑치단黑幟團 명의로 1929년 12월 25일자로 「자치권 획득 및 합법운동자 박멸 선언」이라는 제목의 격문을 발표했다. 이 격문에서 이들은 "볼셰비키는 학생운동을 강간한 이후 합법운동을 절규했다. 그들은 어제까지는 절대 독립을 주장했으나, 지금은 자치를 요구하고 있다"면서 개량적 민족주의 운동과 공산주의를 함께 비판했다.

14 만주에서 부는 새로운 바람

이회영과 신채호 등 베이징과 상하이의 아나키스트들이 국제연대 투쟁을 조직하고 있을 무렵, 만주에서는 김좌진과 김종진을 중심으로 새로운 바람이 불고 있었다. 재만무정부주의자연맹의 창설과 한족총연합의 결성이 그것이다. 이러한 새 바람은 실로 이회영이 그동안 오랜 세월 꿈꾸어왔던 것이고 이제 그 결실을 보게 된 것이다. 그 작은 불씨는 1927년 10월 톈진에서의 사상담화를 거친 김종진에 의해 발화되었다.

김종진은 톈진역에서 이회영과 만나 큰 사상적 감화를 받은 이후 북만으로 떠나는 기차를 탔다. 고향인 홍성을 떠나 만주와 베이징, 광동과 베트남을 거쳐 윈난까지 떠돌아다니면서 숱한 고비를 겪었던 그이지만, 노혁명가이자 자신에게 사상적 감화를 준 이회영과 작별할 때처럼 북받치는 서러움을 느낀 적이 없었다고 한다. 김종진은 이렇게 톈진을 떠나 중동선 목단강牧丹江역에 도착했다. 그는 가장 먼저 백야 김좌진 장군을

김좌진과 김종진. 사촌관계인 두 사람은 아나키스트들과의 연대를 통해 신민부 개편과 항일투쟁근거지 확보에 주력했으나 공산주의자들에게 희생당했다.

찾았다. 멀리 고향 홍성에서 오랜 시간을 거쳐 자신을 찾아온 사촌동생을 보고 김좌진은 감격하지 않을 수 없었다. 더구나 당시 김좌진은 참모의 필요성을 절감하고 있던 때였다.

김종진은 우선 만주 교포들을 경제적으로 안정시키는 한편, 이를 토대로 독립군을 양성해 독립을 쟁취하려는 계획을 실천에 옮기려 했다. 이른바 독립투쟁을 위해 '둔전양병屯田養兵'하자는 계획인데, 그러기 위해 우선 그는 만주 전역을 수개 구역으로 나눠 각 지역별 조직을 확대하여 연합조직으로 만들고자 했다. 이를 위해 그는 신민부가 관할하는 북만주 각 지역에 대한 실태 파악에 나서기로 했다. 교포들의 생활 실태와 의식 정도를 파악한 다음, 그 기초 위에서 실정에 맞는 계획을 수립하기 위해서였다.

　김좌진도 이런 계획에 적극 찬동해 김종진은 1928년 새해 연초부터 여정에 올라 무려 8개월 동안 북만주 각지를 순행했다. 그는 수백 리 눈길을 걸어 다니며 민정을 살폈다. 중국 관헌들 속에 잠입해 있는 일본 경찰에 의해 언제 체포될지 모르기 때문에 반드시 조직망을 통해 소개된 인물과 함께 적정을 살핀 후 마을에 들어가야 했다. 이 순방은 눈이 쌓인 엄동설한에 시작하여 삼복더위까지 겪은 후에야 끝이 났다. 김종진은 순방을 통해 동북 지방 이주 한인들의 어려운 사정을 낱낱이 알게 되었다.

　이주 한인 교포들은 중국인 토착지주들의 일상적인 착취에 시달리고 있었다. 우리 교포들이 척박한 불모지를 애써 개간해 옥토로 만들어 놓으면 중국인 지주들이 갖은 명목으로 임대료를 올리거나 땅을 빼앗는 등 무제한의 착취를 강요했다. 일제는 일제대로 친일파들을 앞장세워 교란작전을 폄으로써 교포 사회 내부를 분열시켰다. 뿐만 아니라 공산주의자들이 각종 감언이설로 농민들을 꾀어내어 자기편으로 만들고 있었다.

　당시 김종진과 함께 활동한 이을규는 '좌익이란 자들이 그 지방에 끼어 있거나 넘나드는 곳에서는 반드시 운동자 상호간은 물론이요, 주민들 사이에서도 불화와 알력이 일어나고 있다'고 회고했다. 이처럼 한인 교포들은 이중 삼중의 고통에 시달리고 있었다. 그러니 김종진이 우려한 것은 이런 핍박을 견디다 못한 일부 교포들이 언제 일본 영사관에게 호소할지 모르며, 그렇지 않더라도 일제가 한인 교민의 보호를 명목으로 중국 당국과 한인 독립운동 단체들을 강압·침탈할지 모른다는 사실이었다.

김종진은 이러한 문제점을 해결하기 위해 기존의 통치조직과 교포사회를 '경제 공동체적 성격의 농촌 자치조직'으로 재편하자는 구상을 내놓았다. 여기에는 4년제 소학교와 3년제 중학교를 설립하고 중학 출신의 성적 우수자를 선발해 1년간 단기 군사교육을 시켜 정예 간부를 양성하는 것 등이 주요 계획으로 덧붙여졌다. 나아가 각 운동단체의 통일 단결을 위해서는 각 단체의 완전한 자주권을 인정하고 대목적을 위한 행동통일에는 상호협조와 협동을 꾀하는 자유연합적 조직 구성을 구상하였다.

김종진은 곧 김좌진 장군을 만나 자신의 순방 결과를 보고하면서 교포사회 개편 구상을 피력했다. 이에 큰 감동을 받은 김좌진 장군은 의견에 찬성을 표하면서도 구체적으로 어떤 주의를 갖고 실행해야 할 것인지 물었다. 이에 김종진은 독립운동을 설계하는 데 꼭 이념이나 주의가 있어야 하는 건 아니지만, 권력과 지배욕을 배제하고 자율자치를 강조하는 아나키즘 사상에 대해 들려주었다.

또한 톈진에서 들은 이회영과의 대화 내용을 들려주고 아나키스트들과 제휴할 것을 권고했다. 김좌진은 즉석에서 그들을 북만주 지역으로 부를 것을 요청했고, 곧바로 김종진은 톈진의 이회영과 상하이의 이을규에게 편지를 보냈다. 철저한 대종교 신자이자 민족주의자였던 김좌진이 아나키즘 사상에 전적으로 동의한 것은 아니지만, 지도부의 권위나 절대 명령에 의존하지 않고 교민의 자율과 자치에 의해 움직이자는 주장에 따라 이들을 흔쾌히 초청하게 되었다. 곧 그들이 주장하는 신민부 개편에 동의하게 된 것이다.

그런데 이런 운동을 수행해나갈 동지를 규합하는 것이 가장 큰 문제였다. 이에 김종진은 순방 기간에 만난 동지들의 규합에 나섰으니, 이들의 논의 결과 탄생한 조직이 곧 재만在滿조선무정부주의자연맹(이하 '재만무련')이었다.

1929년 7월 해림소학교에서 열린 재만무련의 연맹원은 김종진과 이을규를 비롯해 만주 생활 이래 만주 각지를 순시하면서 새로 얻은 동지들이었다. 해림의 이붕해와 엄형순, 밀산의 이강훈, 석두하자의 김야봉, 산시의 이달, 신안진의 이준근 등 17명이었다. 이붕해는 신민부의 경비대장이었고, 이종주는 군사부위원, 이강훈 역시 신민부 군정파 소속이었다. 재만무련은 3개 항의 강령을 작성하였다.

1. 우리는 인간의 존엄과 개인의 자유를 완전 보장하는 무지배 사회의 구현을 기약한다.
2. 사회적으로 모든 사람은 평등하므로 각인은 자주, 창의 또는 상호부조적 자유 합작으로써 각인의 자유발전을 기한다.
3. 각인은 능력껏 생산에 근로를 바치며 각인의 수요에 응하여 소비하는 경제질서의 확립을 기한다.

또 6개 항의 당면 강령이 있었는데 이로 비춰본 재만무련의 정치적 노선을 요약하면 '항일, 반공, 친민족주의'였다. 재만무련의 첫 번째 임무는 신민부를 개편하는 문제였다.

당시 신민부는 목릉현 소추풍에 성동사관학교를 운영하며 5백여 명에 달하는 독립군을 길러내고 있었다. 이런 일에는 큰 자본이 필요했다. 신민부는 1925년 10월에 개최된 총회에서 호당 6원씩 의무금을 징수할 것을 결의하고 가능한 지역에서 이를 실천에 옮겼다.

이렇게 거둔 자금은 독립군 양성에 쓰였으나, 가난에 시달리던 농민들에게는 적지 않은 부담으로 작용했다. 당시 공산주의 단체인 북만조선인농민총동맹은 이를 신민부 비판의 도구로 활용했다. 즉 신민부가 조선 독립을 표방하고 있지만, 사실은 독립의 가면을 쓰고 자금을 징수하여 농민들을 괴롭히고 있다는 것이다. 그러나 당시 신민부 지도부는 이러한 공산주의자들의 악의적인 비난에 대응할 이론적 토대나 준비를 갖추지 못하고 있었다. 따라서 신민부 지도부는 젊고 사심 없는 아나키스트들을 새로 영입하여 공산주의에 맞설 뿐 아니라, 새로운 독립운동 단체로 개혁하고자 했던 것이다.

재만무련과 한족총연합회, 그리고 김좌진의 죽음

이회영은 1929년 봄 이을규가 난징에서 돌아오자 동지들을 소집하여 회의를 열었다. 그는 이 자리에서 만주의 중요성을 거듭 강조하고, 김좌진과 김종진의 활동 계획을 협의하여 이을규를 북만으로 파견했다. 그러한 노력의 결과로 1929년 8월 초 무렵 한족총연합회가 발족되었다.

한족총연합회는 위원장에 김좌진, 부위원장에 권화산이 추대되었다.

가장 실무적인 자리라 할 수 있는 농무 및 조직선전위원장에 김종진이, 그리고 교육위원장을 이을규가 맡는 등 아나키스트들의 역할이 매우 중요하게 되었다.

한족총연합회는 만주 지역 독립운동에 새 바람을 일으켰다. 농촌 자치조직을 건설하면서도 과거 일부 운동가들이 그랬던 것처럼 농민들 위에 군림하지 않고 스스로 농민이 되어 함께 일하며 토론하고 숙식했다. 민중 속으로 들어가 일하는 이러한 방식으로 농민들에게 신뢰를 얻은 후 그들은 집단부락을 만들어 이를 협동조합으로 묶어 농민 스스로 운영하도록 했다.

한족총연합회는 교민들이 미곡 생산뿐만 아니라 도정 과정에서 중국인 지주들에게 부당한 피해를 당하는 것을 막기 위해 산시山市에 정미소를 차렸다. 미곡 도정뿐만 아니라 위탁 판매까지 담당함으로써 교민들의 이익을 극대화하자는 의견에서 출발한 사업이었다. 또 이들은 중학교를 설립해 훈련소로 활용하고자 북만중학기성회北滿中學期成會를 만들었으며, 경제와 교육이 유기적인 관계를 맺는 안정적인 농촌사회를 만들려고 노력했다. 협동조합과 학교를 연결하는 안정적 기반 위에서 독립군을 양성하려는 것이었다.

한족총연합회가 농민들의 지지를 받으며 세력을 확장해 나가자 일제뿐만 아니라 공산주의 세력도 긴장하기 시작했다. 한번은 신안현에 있던 김종진에게 공산주의자 김남천이 찾아와 대중 앞에서 토론회를 열자고 제의했다. 이에 따라 한족총연합회에서는 김종진과 이을규 등이 나서고 공산주의 계열에서는 김남천 등 두 명이 나서 100여 명의 농민들

앞에서 일대 격론을 벌였다. 이을규는 그때의 상황을 이렇게 전한다.

만주에서 그들의 반민족적이고 비인도적인 행위를 열거 성토하여 민족
의 죄인이요, 인류의 반역자라고 단죄하고 소련의 주구는 물러가라고 호
령을 하자 청중들이 만세를 부르며 일제히 환호하는 바람에 그 일당은
형세의 불리함을 알고 도망했다.

그러나 공산주의에 대한 이러한 극단적인 대응은 서로의 감정을 극
도로 악화시켰다. 중동선 일대에 이 소문이 퍼지자 위기감을 느낀 공산
주의 세력은 암살이란 극단적인 방법으로 대비책을 세웠다. 불행히도
그 첫 번째 대상자가 김좌진이었다.

1930년 새해 벽두는 김좌진에게 오랜만의 희망과 자신감을 되찾아
준 시기였다. 신민부가 군정파와 민정파로 갈라진 데다 3부 통합회의마
저 실패하여 위기에 처해 있을 때 아나키스트들과 연합한 것이 성과를
거두자 김좌진은 과거의 자신감을 되찾아갔던 것이다.

1930년 1월 20일, 김좌진은 자신이 만든 희망의 보금자리인 정미소
에서 공산주의자인 박상실의 흉탄에 맞아 숨을 거두었다. 청산리대첩의
영웅이며 조선 민족의 희망이었던 그가 동포의 손에 의해 목숨을 잃었
으니 원통한 일이 아닐 수 없다.

오랜만에 부풀어 오르던 희망이 공산주의자들의 만행에 의해 절망으
로 바뀌고 있을 무렵, 다행히 베이징에서 반가운 소식이 전해졌다. 국내
에 잠입했던 아나키스트 신현상이 그해 4월 막대한 운동자금을 구해왔

김좌진 장군의 장례식

으니, 전체 회의에 참석하라는 소식이었다.

충남 예산 출신인 신현상은 고향에서 미곡상을 하는 친지 최석영이 호서은행湖西銀行에 상당한 신용이 있는 점을 이용해 양곡 거래 자금 약 5만 8천 원의 거금을 빼내 탈출한 것이다.

재중국조선무정부주의자연맹은 이 기회로 활발한 운동을 전개하고 그 일환으로 각지에 흩어져 있는 동지들을 소집해 대표자 회의를 개최하기로 했다. 김구도 이 자금을 같이 나눠 쓰자고 제의하였다. 북만에서는 김종진과 이을규가 이 회의에 참석할 대표로 선출되었다. 이들은 일제의 감시가 심한 중동선을 수천 리나 우회해 3일 만에 톈진 이회영의 집에 도착했다.

　며칠 후 상하이에서 백정기와 김성주, 황웅과 학생 3명이 왔고, 복건에서도 상하이를 거쳐 정화암과 장기준, 양여주, 김동우 등이 도착했다. 어린 이규창은 각지에 있는 동지들에게 연락을 띄우고 모임 장소 주변에서 망을 보았다.

　이회영은 톈진 소왕장 빈민촌에 나타난 김종진·이을규를 보고 너무 반가운 나머지 손을 잡고 눈물을 흘렸다. 두 사람은 만주 운동의 정황에 대해 자세히 설명했고, 이회영은 신현상이 최석영·차고동과 함께 자금을 빼내온 경위와 앞으로의 운동 계획에 대해 설명했다. 중국 각지에서 자유연합적 독립운동을 전개하던 아나키스트들이 한자리에 모여 열린 회의에서 이회영은 다시금 만주운동의 중요성을 강조하고 그에 총력을 기울일 것을 당부했다. 나아가 상하이, 푸젠, 베이징에 연락원을 두어서 상호 연락하고 호응할 것을 제의했다. 이에 참석자들은 모두 동의하여 운동 방침이 결의되었다.

　그런데 신현상과 최석영이 베이징으로 잠입했다는 정보를 입수한 일제는 조선강도단이 잠입했다고 사칭하여 중국 경찰에 그들의 체포를 의뢰했다. 일본 경찰은 베이징의 위수사령부를 움직여 숙소를 급습함으로써 10명을 구금했다. 이들 모두가 국내로 압송되면 장기간 투옥되는 것은 물론 경우에 따라 사형까지 각오해야 했으므로 절체절명의 위기였다. 마침 톈진에 가 있어 체포를 면했던 이회영은 급히 군벌의 막료들과 친분이 있던 류기석에게 연락해 사방으로 구명활동을 펼쳤다.

　만약 류기석이 없었다면 이들의 운명은 예측하기 어려운 지경에 빠졌을 것이다. 중국대학을 졸업한 류기석은 당시 베이징 정부에서 외교를 담당하는 요직을 맡고 있어 중국 정계에 지인들이 많았다. 당시 베이징 시장 장인우도 그중 한 명으로 같은 아나키스트였다.

류기석은 부랴부랴 장인우에게 달려가 일제의 간계라고 주장했다. 그 덕분에 국내에서 자금을 들여온 신현상과 최석영을 제외하고 모두 석방될 수 있었으나, 중요하게 쓰일 운동 자금을 빼앗기고 말았다. 이 자금을 바탕으로 세웠던 계획, 특히 만주에서의 운동 계획 또한 물거품이 되었다. 더욱이 이을규가 톈진에서 기선을 탔다가 선상에서 일제 관헌에게 체포되어 국내로 압송되었다. 이회영의 베이징 생활도 위협에 처해 있었던 것이다.

아들 이규창에게 베이징 사건에 대해 자세히 전해들은 이회영은 즉각 이사를 결심했다. 이규창까지 한때 구금되었으니 일제가 기필코 자기를 찾아낼 것이라 판단했기 때문이다. 이회영은 진탕차오 건너 진탕차오장金湯橋莊이란 빈민촌을 새로운 숙소로 정해 곧 이사했고, 베이징의 동지들에게 이 사실을 알렸다. 소식을 들은 이을규·백정기·오면직·장기준·김성수·김동우 등의 아나키스트들이 톈진으로 찾아와 근처에 큰 방을 구해 함께 기거하게 되었다. 그러나 문제는 북만으로 보낼 자금을 마련하는 것이었다. 이회영과 백정기 등 톈진에 있는 아나키스트들은 숙의를 거듭한 결과 무슨 수를 써서라도 운동 자금을 마련해 만주로 가야 한다는 결론에 도달했다.

논의 끝에 내린 결론은 톈진 시내에 있는 중·일 합작은행인 정실은호正實銀號를 털자는 것이다. 이때 은행 습격 계획에 대해 이회영은 크게 고민했다. 며칠 동안 고민하던 이회영도 중론에 따라 양보하지 않을 수 없었다. 이에 정화암이 계획하고 김성주와 장기준 등 4명이 나섰다.

12월 초 정오 무렵, 백주대낮 시내 한복판에서 벌어진 이 대범한 정실은호 습격사건은 대성공을 거두었다. 기대에 미치지는 못했으나 중국 돈 3천 원과 일본 돈 몇 백 원이라는 많은 돈을 확보할 수 있었다. 톈진에서 발간된 신문에는 '희대의 백주 강도단'으로 보도되었으나, 끝내 범인은 밝혀내지 못했다.

다시 만주로, 그러나……

드디어 1930년 9월경 톈진의 아나키스트들이 만주로 떠났다. 이회영도 북만행을 고집했으나, 동지들이 16세인 아들 규창의 교육문제와 노인의 건강문제를 내세우고 또 푸젠성의 농민자치운동에 대한 연락문제 등을 이유로 극구 만류했다. 이에 이회영은 규창과 함께 일단 상하이로 가기로 했다.

동지들과 헤어지려는 순간에 동지들이 이회영의 딸 규숙과 장기준의 혼사 문제를 제의했다. 혼기가 넘은 딸을 멀리 만주로 보내야 하는 상황 때문에 다급해진 이회영은 부인과 상의도 하지 못한 채, 이를 허락했다. 이렇게 이회영의 가족은 뿔뿔이 헤어져야 했다. 그는 규창을 데리고 상하이로, 막 결혼한 이규숙은 동생 현숙을 데리고 남편과 여러 동지들과 함께 헤이룽장성 해림으로 떠났다.

북만주로 모두가 한꺼번에 움직이는 것은 위험했으므로 인원을 3진으로 나누었다. 제1진으로 막 결혼한 장기준과 이규숙 그리고 현숙이 가기로 했고, 제2진으로 백정기와 오면직, 제3진으로 정화암 등 총 15인이 가기로 했다.

제1진이 떠난 다음날 제2진이 출발하고, 그 다음날 제3진이 출발하는 방식으로 톈진의 아나키스트들은 만주로 향했다. 그들은 무사히 해림에 도착했다. 장기준의 아내이자 이회영의 딸인 이규숙이 몸속과 짐에 권총 10여 정과 폭탄 10여 개를 감추고 무사히 도착하니, 만주의 동지들이 역시 혁명가의 자제답다고 탄복했다.

한족총연합회와 만주무련 사이에 싹튼 갈등이 심화되던 참에 이을규, 정화암 등이 도착했으니 모두를 반겼다. 하지만 이들은 당시 내분 상황을 알고 있었기 때문에 우선 만주운동의 중심인물들을 한 음식점에 모두 초대하여 아나키스트들이 해림까지 오게 된 배경과 목적을 소개했다. 정화암의 증언을 들어보자.

먼저 우리는 정치적 우위를 주장하는 조직에는 참여하지 않을 것을 분명히 하고 만주에 있는 교민들에게 민족정신을 고취시키기 위한 교육, 일제와 공산주의에 대한 반일·반공 사상훈련, 항일전선에 나가 투쟁할 수 있는 전술과 자질 양성, 재만교포의 대부분인 농민을 위한 농업지도와 정착사업, 생활개혁, 자치적 방위체제의 확립 등을 사업목표로 내세웠다. 그리고 이에 덧붙여 배타적이고 비협조적인 고질적 개인주의에서 벗어나 불미스러웠던 과거를 청산하고 협동정신으로 새로운 만주 교민사회를 건설하는 데 적극 협조해줄 것을 당부했다. 만주에서의 사업을 위해 일체 남의 경제적 후원을 받지 않을 것이며 자급자족할 수 있도록 농사를 지으며 활동하겠다는 계획서까지 제시하자 참석자들은 모두 찬사를 아끼지 않았다.

김좌진이 암살당한 후, 원군을 맞이한 한족총연합회는 내부를 정돈하고 다시 본격적인 사업을 추진했다. 아나키스트들은 농민들 위에 있지 않고 농민들 속으로 들어가 그들과 괴로움을 나누며 함께 사업을 전개하는 방식을 취했으므로 금방 농민들의 지지를 받았다. 한족총연합회는 모든 것을 교민들의 자치로 결정하기로 하고, 일 년에 한 번씩 각 지역 대표자 총회를 열어 모든 중요한 사항들을 결정했다. 그리고 일제와 공산주의 세력과의 싸움을 위해 각 지방 단위의 자위대를 편성해 지역 경비를 맡게 했다.

한족총연합회의 재건 움직임에 공산주의 세력은 또다시 위기감을 느끼고 공세를 가하기 시작했다. 정화암의 회고를 들어보자.

……한때는 공산 세력권이었던 영안현에서 불시에 습격을 해오거나 일본이 중국 호로군과 결탁하여 교민을 납치해가는 경우가 종종 있었다. ……해림을 중심으로 한족총련 지역과 영안을 중심으로 한 공산 지역은 항상 팽팽한 대결 상태에 있었다. 어쩌다 잘못하여 상대방 지역으로 들어서면 죽고 죽이는 비극이 벌어지기도 했다.

그들은 자신들의 기밀을 지키기 위해 한족총연합회의 주요 간부 암살에 나섰는데, 재만무련의 최초 결성자 가운데 한 사람이자 한족총연합회 간부 차장인 이준근과 김야운이 이 무시무시한 암살공작의 희생자가 되었다. 두 사람은 7월 초순 석두하자에 있는 김좌진 장군의 동생 김동진의 집에서 저격당했다.

공산주의자들의 다음 암살 목표는 한족총연합회의 사실상 리더인 김종진에게 맞춰졌다. 김종진은 1931년 7월 11일 해림역 근처에 있는 조영원의 집에 갔다가 역시 공산주의자들에 의해 어디론가 납치되어 버렸다. 김좌진의 휘하에 있던 조영원은 아나키스트들이 북만운동의 주도권을 잡으면서 자신이 소외된 데 불만을 품고 공산주의 세력에 협조한 인물이다.

1931년 9월 11일자 『동아일보』는 김종진이 박내춘·이백호·이익화 등에게 살해되었다고 보도하였다. 그의 나이 31세, 한창 조국 광복에 매진할 나이에 동족인 공산주의자들에게 납치되어 시체조차 찾을 수 없었던 것이다.

한꺼번에 맹장 셋을 잃은 한족총연합회는 망연자실했다. 게다가 병 때문에 상하이로 호송된 백정기까지 합하면 한꺼번에 네 명의 활동가가 사라진 셈이었다. 이런 잇따른 불행에 한족총연합회는 넋이 빠져 수습할 엄두조차 내지 못했다. 그러나 넋을 잃고 있을 여유조차 없었다. 일제가 북만 일대에서 대규모 군사작전을 전개했기 때문이다.

1931년 여름, 일본 군부는 만주 전체를 점령할 계획을 짜고 있었다. 만주 주둔 관동군의 일부 장교들은 심양 북쪽 유조구柳條溝의 만철선로를 폭파했다. 그런 다음 이를 중국군의 소행이라고 우기며 만주를 본격적으로 침략했다. 이것이 1931년 9월 18일에 발생한 9·18사변(일명 만주사변)이었다.

일본군은 만주사변의 예비 작업으로 마적과 공산당을 소탕한다는 구실을 내세워 북만 일대에서 대규모 수색전을 펼쳤다. 수색 작전에서 가장 주요한 소탕 대상은 한국 독립운동가들이었다. 한족총연합회의 아나키스트들은 일제가 대규모 군사 행동을 시작하자 앞으로의 진로에 대해 토의했다. 그 결과 일제 및 공산주의자들과 직접 대결하다가 희생당하는 것보다는 일단 후퇴해 훗날을 기약하는 것이 현명하다는 판단을 내렸다.

이에 따라 8월 하순부터 철수를 시작했다. 철수도 쉽지 않았는데 이때 김좌신의 처제 나혜정이 무사히 빠져나오는 데 결정적인 도움을 주었다. 이회영의 사위 장기준과 규숙, 현숙은 창춘長春으로 피했고, 송순보는 남만주로 피신했다. 북만주를 철수하면서 느낀 소회를 정화암은 이렇게 적고 있다.

북만운동을 돕기 위해 우리는 전력을 기울였고, 정실은호에서 모험적으로 빼내온 돈이며, 천주지방의 강연에서 얻어진 돈들을 몽땅 바치고, 산시山西의 안소저에게까지 가 그 곤역을 다 치렀고, 이회영 선배를 베이징에서 상하이로 옮겨 드리면서까지 우리 최후의 거점을 확보하려고 필사적인 노력을 기울였던 북만운동이 어이없이 와해되고 보니, 그때의 심정이야말로 참담한 것이었다. 북만으로 달려갔다가 금쪽같은 세 동지를 잃고, 피와 땀으로 이룩해 놓은 건설보와 동포들을 그대로 두고 철수하게 되었으니 그동안에 기울였던 공이 한없이 아까웠다. 만일 일본의 그 만주사변이 아니었던들, 만주 아니 최소한 우리의 활동 지역이었던 북만주는 우리 독립운동가와 동포들의 이상향이 되었을 것이다.

정화암, 『어느 아나키스트의 몸으로 쓴 근세사』

이로써 피땀 흘려 일궈 놓았던 만주 운동의 발판은 수포로 돌아가고 말았다.

상하이에서 다시 15
만주 무장투쟁의 길로

상하이 남화청년한인연맹에서

두 딸과 동지들을 만주로 떠나보낸 이회영은 1930년 10월 말경 아들 규창과 함께 톈진을 떠나 상하이에 도착했다. 실로 오랜만에 와보는 상하이였다. 상하이의 프랑스 조계 애인리에는 다물단 사건으로 피신한 아들 규학이 전차회사 검표원으로 일하며 살고 있었다. 이회영은 규학의 집 근처인 정자간亭子間이란 값싼 방에서 아들 규창과 함께 기거하면서 규학의 집에서 식사를 했다. 이회영이 상하이에 도착한 사실을 알고 임정 요인들이 간단한 환영 만찬을 베풀었다.

김구를 비롯해 이동녕·이시영·조완구·조소앙·김두봉 등 임정 요인들은 만찬에서 우당이 상하이에 왔으므로 우리 독립운동의 앞길에 서광이 비친다는 말로 환영해주었다. 그러나 이회영은 언제든지 만주 무장투쟁의 한복판으로 돌아가고 싶은 생각뿐이었다.

이미 1930년 4월 20일 류기석 등이 상하이에서 조직한 남화한인청년연맹(이하 '남화연맹')은 1931년 9월 18일 만주사변이 발발하자, 본격적인 항일활동을 펼치기로 하였다. 그해 9월경 만주를 탈출한 동지들이 상하이로 속속 모여들면서 이회영의 상하이 생활은 활기를 띠었다. 자연히 상하이는 아나키스트운동의 중심지가 되어갔다.

백정기·원심창·박기성·엄형순·김성수·이달 등은 방 하나를 얻어 자취했다. 이들은 모두 만주에서 빈 몸으로 겨우 빠져 나왔으니 생활이 넉넉할 리 없었다. 입으로 불면 날아갈 듯 찰기라고는 전혀 없는 안남미 安南米와 절인 고등어 반찬 한 가지가 전부였다.

남화연맹은 만주사변 이후 본격화된 일제의 침략에 맞서 향후 독립운동의 방향을 논의하기 위해 개편작업을 서둘렀다. 이회영과 류자명을 비롯해 백정기·정화암·이강훈·엄순봉·오면직·김동우·김광주·나월환·이용준(천리방)·박기성(박수현)·원심창 그리고 제일 어린 이규창 등이 개편회의에 참석했다.

이 회의에서 맹원들은 새로 개편된 남화통신의 새 의장으로 원로인 이회영을 추대했다. 그러나 이회영은 의장의 직을 감당하지 못해서가 아니라 장래에 조직을 이끌어갈 사람이 의장이 되어야 한다며 한사코 거절했다.

그러면서 류자명을 의장으로 추천했다. 젊은 청년 동지들은 이회영의 사양과 추천을 받아들여 류자명을 의장 겸 대외책임자로 추대했다. 아나키스트들의 조직은 명령과 규율보다는 협의와 협력에 의존하므로 의장의 성격보다는 대외책임자의 성격이 강했다. 내부의 일은 모두 함께 의논해서 처리하고 다만 외부 접촉의 혼선을 피하기 위해 대외책임자를 두었다.

남화연맹은 산하에 남화구락부를 두는 한편, 기관지 『남화통신南華通信』을 발간했다. 기관지 인쇄는 이규창이 맡았는데, 그의 자서전 뒤에는 남화연맹의 강령, 규약, 선언이 덧붙어 있다.

"우리의 일체 조직은 자유연합의 원칙에 의거한다", "일체의 정치운동 또는 노동조합주의운동을 부인한다"로 시작되는 5개 강령에 이어 남화연맹은 10개항에 이르는 규약과 선언을 작성했다.

규약에는 다른 일반 조직과 다른 몇 가지가 있는데, 예를 들어 "당 강령에 저촉되지 않는 본 연맹원 각 개인의 자유발의 또는 자유합의에 의한 행동은 설사 그것이 본 연맹으로서는 직접 관여하지 않은 것이라 하더라도 그것에 대해 아무 간섭도 하지 않는다(2항)"라거나 "연맹원은 자유로 탈퇴할 수 있다(8항)", 그리고 "본 규약은……만장일치로 통과한 수정안에 의해 정정할 수 있다(10항)" 등이다. 개인의 자유의사와 자유합의에 의한 행동을 규제하지 않고, 자유탈퇴와 만장일치제를 채택한 것은 개인의 자유와 연합주의를 표방하는 아나키스트들의 조직상 특징을 잘 반영하고 있다.

그러나 조직은 건설되었으나 자금이 없었다. 목숨을 바쳐 일제와 싸우겠다는 젊은이들은 있었으나, 싸울 무기와 이를 구할 자금이 없는 상황이었다. 이런 곤란한 상황의 돌파구를 마련해준 인물이 중국 아나키스트 왕야차오와 화쥔스였다.

그해 10월 말경 이들이 이회영과 정화암·백정기 등에게 항일 공동전선을 펴자고 제의한 것이다. 당시 왕야차오는 중국 국민당 정계의 핵심 정치세력인 후한민胡漢民 · 바이충시白崇禧 · 리쭝런李宗仁 등과 깊은 관계를 맺고 있었다. 또한 중국군의 핵심인 상하이 주둔 19로군과도 밀접한 사이였다. 그런 그가 자금과 무기를 대겠다고 제안하니, 이회영과 남화연맹 맹원들은 일제를 상대로 본격적인 무장 투쟁을 전개할 수 있으리라고 판단했다.

드디어 1931년 11월 중순, 상하이의 프랑스 조계지에 모인 한 · 중 · 일 세 나라의 아나키스트들은 '항일구국연맹'을 결성했다. 이회영을 비롯해 정화암 · 백정기 등 일곱 명의 한국인과 왕야차오 · 화쥔스 등 일곱 명의 중국인, 그리고 동방아나키스트연맹에 가담한 바 있는 사노 이치로와 야다베 무우지 등 일본인 아나키스트들이 참여했다.

항일구국연맹은 전 세계에 대한 혁명 수단에 의해 일체의 권력을 배격하고 자유평등 사회를 건설할 목적으로 우선 조선을 해방시킨 후 일본과 중국 각지에 아나키스트 사회를 건설하자고 결의했다. 이들은 선전부 · 경제부 · 정보부 등을 설치하고 국제연대의 정신에 맞게 조선인부와 중국인부, 일본인부를 두었다. 이후 대만인 린청차이林成材와 미국인 존슨이 합류함에 따라 연맹은 대만인부와 미국인부를 증설하는 등 국제연합기구로의 확장을 꾀하였다. 이어 이들은 부서 개편을 통해 각국의 동지 규합과 함께 일제 기관 파괴 및 요인 암살, 반일사상 선전활동을 펼치기로 결의했다. 이회영이 기획위원을 맡았고, 왕야차오가 재정부를 맡았다. 당시 기획부가 계획한 활동 계획은 다음과 같다.

• 적 군경 기관 및 수송 기관의 조사 · 파괴, 적 요인 암살, 중국인 친일분

자 숙청.

- 중국 각지의 배일 선전을 위한 각 문화 기관의 동원 계획.
- 이상에 필요한 인원 및 경비의 구체적 설계.

왕야차오는 남화연맹과 항일구국연맹에 매달 재정 지원을 하다가 한인들이 스스로 경제 문제를 해결하게 해주겠다고 했다. 그는 프랑스 조계 내 성모원로聖母院路에 인쇄소를 차려주었고, 조계지 밖에는 미곡상 점포를 차려주었다. 또 한인 동지 몇 사람을 19로군에 심어놓고, 부대를 통해 직접 무기를 가져오기도 했다.

항일구국연맹은 일제의 기관이나 친일파를 처단하고 이들에게 공포감을 준다는 의미에서 '흑색공포단(Black Terrorist Party; BAT)'이라는 직접 행동대를 조직했다. 흑색공포단은 이후 주중 일본공사 아리요시 아키라有吉明 공사를 암살하려던, 이른바 '육삼정六三亭 의거'로 세상을 놀라게 했다.

1933년 3월 일본 관동군의 만주와 화북 침략을 확정하려던 일제는 국민당 내 친일세력을 회유하기 위해 고급 일본 요정인 상하이 '6·3정'에서 회동하려 하였다. 이에 백정기·원심창·이강훈 등이 이들을 폭파 암살하려다 체포되었는데, 이후 흑색공포단 명의로 뿌려진 발표문이 중국 언론에 대서특필됨에 따라 국민당 내 친일세력이 축출되는 등 일제의 야욕을 무산시키고 말았다.

항일구국연맹의 행동대는 이회영과 정화암이 지휘하고 왕야차오가 재정과 무기 공급을 맡아 활발히 활동을 전개했다. 자금과 무기가 공급

남화한인청년연맹에서 주중 일본공사를 처단하려했다가 체포된 육삼정의거 현장의 최근 모습(2007)

되자마자 날개 돋친 듯 활동을 전개했다. 그중 하나가 상하이 북군역北
軍站에서 국민당 정부의 외교부장 왕징웨이汪精衛를 저격한 일이다. 이 일
은 한인 이용준과 중국인 화쥔스, 일본인 사노가 함께 했으나 왕징웨이
에게는 부상만 입혔다. 그 대신에 그의 부관이 절명했다. 왕징웨이 역시
몸에 박힌 탄환을 빼내지 못해 후일 일본에 가서 병사했다. 왕징웨이는
국민당 좌파를 이끌며 장제스와 대립하던 급진적 민족주의자였는데, 이
무렵에는 대일 굴욕 외교를 거듭해 친일파로 분류되고 있었다.

흑색공포단은 멀리 북쪽으로 올라와 일제의 화북 지역 교통의 요지
인 톈진을 맹타해 일본의 수송선을 끊으려는 계획도 세웠다. 이 임무를

육삼정의거를 주도한 삼의사. 왼쪽부터 백정기, 원심창, 이강훈

맡은 류기석은 이용준과 함께 올라와 베이징 민국대학생 정래동·오남기·국순엽 등과 협의해 톈진의 일청기선과 일본 영사관을 공격했다.

1931년 12월 유기문은 육군과 군수물자를 싣고 입항한 11,000톤급 일청기선에 폭탄을 던졌다. 그 결과 선체 일부가 파손되고 많은 사상자가 났다. 같은 시각 이용준은 톈진 일본 영사관에 폭탄을 던져 영사관 건물을 파괴했다. 또한 푸젠성 하문廈門의 일본 영사관도 폭파시켰다. 이 모든 일들이 불과 며칠 사이에 발생했다. 중국 내 각 신문들은 이를 항일구국군의 활동이라고 대서특필했다. 자금과 무기 공급이 원활해지자 짧은 시간 안에 이런 일들이 가능했던 것이다.

왜 다시 만주인가

1932년 2월 일제가 상하이 사변을 일으키자, 항일구국연맹의 활동에도 급격한 변화가 발생했다. 일본 조계의 경비를 담당하던 일본의 해군육전대가 상하이를 점령하려 하자, 차이정카이蔡正楷가 이끄는 중국 19로군과 장즈중張治中 근위부대가 저지에 나서 예상과 달리 일본군을 거듭 패퇴시켰다. 그러자 일본은 난징의 장제스 정부에 압력을 넣어 19로군의 즉각 해체와 배상을 요구했다. 장제스 정부는 아직 일본과의 전면전을 치를 역량이 부족하다는 판단 아래 차이정카이에게 전투를 즉각 중지하고 퇴각할 것을 명령했다.

그러나 19로군의 장병들은 이 명령을 거부하고 끝까지 싸울 것을 다짐했다. 19로군이 보여준 저항은 일본군의 잔혹한 공격에 대한 중국 민중의 자발적인 분노의 표출이었다. 상하이의 각종 단체나 개인들이 많은 성금을 19로군에 보내주었고, 많은 학생과 노동자들이 군의 간호원과 전령 등으로 참전해 항일의지를 불태웠다. 그러자 일제는 본국에서 3개 사단을 증파했고, 확전을 우려한 장제스는 더 이상 증원군을 보내지 않고 보급조차 제대로 해주지 않았다. 당시 그의 주요 관심사는 국민당 정부의 내부 통일, 그리고 공산군의 토벌이었던 것이다. 이렇게 되자 19로군은 고립된 상태에서 고군분투하다가 결국 상하이 외곽으로 퇴각하고 말았다.

장제스의 전투 중지 명령을 어긴 일 때문에 난징정부와 19로군 사이에 균열이 생겼다. 항일구국연맹의 왕야차오는 19로군과 연관된 인물이었으므로, 난징정부에서는 왕야차오를 요주의 인물로 주시하게 되었다. 더구나 국민당 정부의 비밀경찰인 남의사藍衣社의 책임자 두웨성杜月生과 왕야차오는 양립할 수 없는 견원지간이었기 때문에 사정은 더욱 어려웠다.

왕야차오는 경계를 게을리 하지 않으면서 한 걸음 더 나아가 정화암 등에게 장제스 암살을 제의하였다. 그가 죽으면 자신과 가까운 후한민 등의 서남파가 집권하게 되고, 그러면 한국의 독립운동에도 큰 도움이 될 것이라는 것이다. 부탁을 거절할 수도, 그렇다고 수용할 수도 없는 노릇이었다. 장제스 암살을 단행했다가 후에 이 사실이 알려져 처하게 될 곤란을 고민해야 하는 상황에 빠진 한인 아나키스트들은 이중정책을 쓸 수밖에 없었다. 즉 왕야차오의 요구를 받아들이는 척하고, 실제 저격을 하지 않는 절충안이었다.

정화암이 승낙하자, 왕야차오는 강직하기로 이름난 백정기를 실행자로 요구했다. 정화암은 백정기에게 흑색공포단과 한인 독립운동가들이 처할 상황을 충분히 설명한 후, 양여주와 함께 장제스의 휴양지인 여산으로 떠나보냈다. 왕야차오는 햄과 빵 속에 권총과 폭탄을 감춰 여산까지 운반해준 후 암살 소식만을 기다리고 있었다. 그러나 정작 신문들은 장제스의 저격 사실이 아니라 그들이 아무 탈 없이 휴양지를 떠났다는 사실을 보도하고 있었다. 상하이로 돌아온 백정기와 양여주는 실망감을 감추지 못하는 왕야차오에게 경비가 워낙 심해 어쩔 수 없었다고 변명했다. 하지만 정화암에게는 저격하려고 마음만 먹으면 얼마든지 가능했다고 말하였다. 이후 왕야차오와 화쥔스 등은 1932년 5월 장제스 정권에 쫓겨 부득이 홍콩으로 피신하게 되었다. 이로써 자금과 무기의 지원이 끊긴 항일구국연맹의 활동도 자연 무력해지고 말았다.

왕야차오 등이 피신하기 직전인 1932년 4월 29일 상하이 홍커우虹口

공원에서 통쾌한 의거가 발생했다. 상하이 점령 전승 축하식 겸 일왕의 생일인 천장절天長節을 기념하기 위한 자리에 한인애국단의 윤봉길 의사가 폭탄을 투척하여 육군 시라가와白川 대장 등을 죽게 한 것이다. 일본인 종군기자로부터 기념식에 대한 자세한 정보를 들은 남화연맹의 정화암도 이 날을 그냥 보낼 수 없다고 보고, 회의를 거쳐 폭탄투척 계획을 결정했다.

거사 실행은 백정기가 자청하였다. 왕야차오에게 폭탄을 입수했으니 남은 문제는 무사히 식장에 들어가는 것이었다. 한인이나 중국인은 물론 상하이의 일본인 거류민들조차 일본 영사관에서 발행하는 출입증이 있어야만 입장이 가능하다고 알려졌기 때문이다. 왕야차오는 일본 영사관에 아는 사람이 있다면서 출입증 정도는 쉽게 구할 수 있다고 호언장담했다. 그러나 당일 아침 시간이 자꾸 가는데도 출입증을 구해 오겠다던 왕야차오는 아무런 연락도 없었고, 그만 예정된 시간을 놓치고 말았다.

정화암과 백정기 등 모두가 실망하고 있을 무렵, 일본 종군기자가 헐레벌떡 뛰어와 거사의 성공을 알렸다. 그는 남화연맹에서 해낸 일로 잘못 알고 두 사람을 취재하러 뛰어온 것이다. 백정기는 다 차려놓은 밥상을 놓쳤다는 듯 분하게 생각했고, 정화암은 어쨌든 우리 민족이 던졌으니 마찬가지 아니냐며 그를 위로했다.

홍커우 사건 직후 일본 영사관은 폭탄거사의 배후를 남화연맹으로 지목하고 이회영과 정화암을 체포하려 혈안이 되었다. 그때 김구가 통신사를 통해 김구와 한인애국단의 작품임을 발표했다. 이에 일제는 프랑스 조계지역까지 들어와 임정 관련자들을 잡으려 광분하였다. 미리 연락을 받은 김구와 임정 요인들은 모두 멀리 피신하였지만, 안창호만 체포되고 말았다.

윤봉길 의사의 거사는 중국에서의 한인 독립운동에 큰 활기를 불어넣어주었고, 일본에 굴욕적인 외교를 펴오던 장제스 정부한테도 큰 충격을 주었다. 모든 중국인들은 윤봉길과 한인애국단의 용기를 칭송했고, 장제스 정부도 김구 쪽과 김원봉 쪽에게 많은 재정 지원과 편의를 제공하기 시작했다. 다만 남화연맹은 재정적 지원은 물론 동지들의 안위마저 위태로울 지경에 빠지고 말았다.

이회영도 위험에 처해 있었다. 그러나 도망가는 대신 류자명이 교편을 잡고 있는 농촌학원이 있는 상하이 북쪽 근교인 남상南翔으로 피신하는 길을 택했다. 남화연맹 역시 임정이 모두 피신해 나간 상하이에서 계속 남아 활동하기로 했다. 그러나 남화연맹의 활동 공간은 극히 좁아졌다.

일제가 더욱 기승을 부린 것은 물론 중국 내부 사정도 어려워졌다. 왕징웨이 외교부장 저격 사건을 왕야차오가 주도한 사실이 드러나면서 자연히 한인 아나키스트들에게도 악영향을 끼쳤다. 잘못하면 중국 내부의 분쟁에 휩싸여 한인들이 희생될 가능성이 커졌다. 이회영은 이 모든 실수가 중국 아나키스트들이나 중국 정부의 지원에 의존해서 생긴 일이라고 깊이 자책했다.

다시 만주행을 결심하다

이회영은 이 위기를 정면으로 돌파하기로 했다. 상하이를 떠나 만주를 새로운 활동무대로 삼기로 한 것이다. 이회영과 정화암은 중국 국민당의 거물이며 아나키스트인 우즈후이와 리스청을 만나 이 문제를 상의했다. 만주로 가려 한다는 이회영의 말에 두 중국인 동지는 이렇게 답변했다.

> 만주는 중국 못지않게 한국하고도 이해관계가 깊고 더욱이 백만의 교민이 살고 있으니 한국인들이 조금만 힘을 모아 도와준다면 중국으로서도 만주 문제 해결에 매우 큰 도움이 될 것이오. …… 만약 한국인들이 만주에서도 상하이 홍커우공원에서 윤봉길 의사가 일으킨 것과 같은 의거를 일으키며 광범위한 항일전선을 펼 수 있다면 장래에 중국 정부로서도 당연히 만주를 한국인들의 자치구로 인정해야만 하지 않겠습니까?

만주를 한국인들의 자치구로 인정할 수 있다는 말에 이회영은 한껏 고무되었다. 그러나 문제는 자금이었다. 이회영은 되물었다.

> 한국인들을 단결시켜 한·중 공동전선을 펴는 것은 가능할지 모르지만, 우리에게는 항전에 필요한 무기와 재정이 결여되어 있다는 것을 그대들도 잘 아는 바가 아닙니까?

우즈후이와 리스청이 대답했다.

그대들처럼 물욕과 영예를 모르는 담백한 아나키스트들이 중심이 되어 온 힘을 기울일 결심이라면, 우리가 장쉐량張學良에게 연락하여 자금과 무기를 제공하도록 해줄 것이며, 또 장쉐량의 심복에게 만주에 남아 있는 인물들에게 비밀연락이 되게 알선해주겠소.

이 말에 이회영은 더욱 고무되었다. 장쉐량은 일제가 만주를 침공한 이후에도 싸우지 말고 철수하라는 장제스의 명령에 큰 불만을 품고 일본군과 항전할 기회만 엿보고 있었다. 이러한 때에 백만 교포의 지원을 받을 수 있는 한인 아나키스트들의 가세는 만주 정세에 큰 변수가 될 수 있었다. 정화암에 의하면 리스청을 통해 이런 제안을 받은 장쉐량은 며칠간의 여유를 두고 생각하다가 한인 아나키스트들에게 무기를 공급해주겠다고 승낙을 해왔다는 것이다.

이런 통보를 받은 이회영은 잔뜩 고무되어 만주로 곧장 떠나려 했으나 젊은 동지들이 계속 반대하였다. 하지만 이회영의 고집을 꺾을 수는 없었다. 이회영은 이렇게 말했다.

세상에 인간으로 태어나서 누구나 자기가 바라는 목적이 있네. 그 목적을 달성한다면 그보다 더한 행복은 없을 것이네. 그리고 그 목적을 달성하기 위해서 그 자리에서 죽는다 하더라도 이 또한 행복 아니겠는가. 남의 눈에는 불행일 수도 있겠지만 죽을 곳을 찾는 것은 옛날부터 행복으로 여겨왔네.

같은 운동선상에 선 동지로서 장래가 만리 같은 귀중한 청년 자제들이
죽음을 제 집에 돌아가는 것으로 여겨 두려움 없이 몇 번이고 사선을 넘
고 사지에 뛰어드는데, 내 나이 이미 육십을 넘어 칠십이 멀지 않네. 그
런데 이대로 앉아 죽기를 기다린다면 청년 동지들에게 부담을 주는 방해
물이 될 뿐이니 이것은 내가 가장 부끄러워하는 바요, 동지들에게 면목
이 없는 일이네.

이회영은 자신이 먼저 제1진으로 만주에 가겠다고 했다.

내 늙은 사람으로서 텁수룩하고 궁색한 차림을 하고 가족을 찾아간다고
하면, 누가 나를 의심하겠는가? 내게는 무슨 증거될 일이 없지 않은가?
그리고 나는 만주에 가면 곧바로 사위 장기준에게 의탁할 수 있으니 주
거에 관한 걱정도 없지 않은가. 내가 먼저 가서 준비공작을 해 놓을 테니
그대들은 내가 연락을 하거든 2진, 3진으로 뒤따라오게.

죽음을 두려워하지 않는 칠순 노인의 굳은 결심을 꺾을 수 없음을 안
아나키스트들은 그의 만주행에 동의할 수밖에 없었다. 이회영이 만주에
무사히 도착했다고 연락하면 남화연맹은 즉시 우즈후이와 리스청에게
연락해 장쉐량과 연결한 후, 아나키스트들이 만주로 가서 유격대를 조
직하기로 결정했다.

그는 왜 또 다시 만주행을 고집했던 것일까. 당시 만주는 일제가 완

전히 점령한 상태여서 당연히 상하이보다 훨씬 위험했다. 칠순 노인이 그 험한 사지로 왜, 홀로 떠나려 했을까.

정화암은 이회영이 만주행을 강행한 데는 혈육이 그리웠기 때문일 수 있다고 회고했다. 하지만 칠십 평생을 가족보다는 오직 조선의 독립과 자유평등 세상을 위해 싸웠던 그로서는 만주의 중요성을 누구보다 잘 알고 있었다. 게다가 김좌진이 없는 만주에 자신의 역할이 필요하다고 믿지 않았을까.

이회영에게 만주는 제2의 고향과 같아 지리에 익숙하고 친분 있는 인사들이 많기 때문에, 그는 만주에 조속히 연락 근거지를 만들 수 있을 것으로 보았다. 그리고 곧 주변 정세를 세밀히 관찰하여 정보를 수집하고, 사위인 장기준을 앞세워 지하 조직을 건설하겠다고 피력했다. 더군다나 만주 침략의 선봉장 역을 맡은 일본 관동군 사령관 무토 노부요시武藤信義가 온다는 소식을 들었기 때문에 그를 암살하면 윤봉길 의거와 같은 효과가 만주에서도 나타날 것으로 보았던 것이다. 따라서 그는 지금껏 젊은이들이 나섰는데, 이제는 자신이 나설 때가 되었다고 주장했던 것이다. 더군다나 만주에는 자신이 키운 신흥무관학교 졸업생들이 곳곳에 포진해 있지 않은가.

돌아올 수 없는 운명의 길, 만주행

주위의 만류에도 불구하고 만주행을 강행하려는 이회영에게 정화암은 이런 당부를 했다.

선생님이 꼭 만주로 가시겠다니 더 이상 만류하지 못하겠습니다. 그러나 지금 이곳 사정이 매우 위험한 것과 마찬가지로, 만주 사정도 과거와는 크게 달라서 위험합니다. 만주에 안착하실 때까지 아무리 친한 사람이라도 만주로 가신다는 말씀을 하지 마십시오.

이회영은 알았다고 대답했다. 평생을 혁명가로 살아 보안의식이 몸에 밴 이회영이었다. 그러나 만나지 않고는 떠날 수 없는 사람이 있었다. 둘째 형 이석영이다. 이석영은 근처에 살고 있었다. 생전에 다시 볼 수 있을지 알 수 없었기에 작별 인사를 하지 않을 수 없었다.

이회영이 아들 규창을 데리고 찾아갔을 때 이석영은 혼자가 아니었다. 연충렬延忠烈과 이규서李圭瑞(일명 태공太公)란 청년이 함께 있었다. 연충렬은 임시정부 요인 엄항섭의 처조카였고, 이규서는 이석영의 둘째 아들로 이규창보다 한 살 위의 사촌형이다. 둘 다 전혀 의심을 살 사람이 아니었다. 이회영은 이석영에게 큰절을 하고 작별 인사를 했다.

이회영은 부인 이은숙에게 지금 새로운 곳으로 떠나니 답장을 말라고 하면서, 그곳에 가서 안정이 되면 편지를 하겠다는 내용의 짤막한 서한을 보냈다. 그리고 류자명과 리스청 등이 만주 각처에서 연락할 수 있는 곳과 사무 처리 등에 대하여 이야기하는 것을 다 듣고, 자식 규학에게도 작별을 고했다.

1932년 11월 초, 달이 환한 밤이었다. 이회영은 아들 규창과 단둘이 상하이의 황포강 부두로 향했다. 규창은 이회영을 모시고 영국 선적인 남창호南昌號에 올랐다. 이회영이 자리 잡은 곳은 제일 밑바닥인 4등 선

이회영과 아들 규창이 마지막 인사를 나눴던 상하이 황포강 수상부두

실이었다. 규창은 부친이 무사히 안착하기를 빌면서 큰절을 올린 후 배
에서 내렸다.

이윽고 기선이 다롄을 향해 출발하는 것을 보고, 백정기와 엄형순의
숙소로 가서 부친이 떠났음을 전했다. 이후 이회영의 행적을 알 길이 없
으나, 이승복의 묘사는 당시 상황을 미루어 짐작게 한다.

우당 선생이 타고 있는 배가 다롄전진大連前津을 통과할 즈음, 왜적의 경
비선 두 척이 급히 추적하여 정선을 명령했다. 그리고 선내로 급습하여

중국인으로 변장한 우당 이회영 선생을 색출하여 다롄경찰서로 압내押來
하였다.

선생은 모든 것을 체념했다. 악독한 고문에도 자기가 띠고 있는 용무에
대해서는 자백치 않았기에 결국 허리가 부러지고 단근질에 피육皮肉이 부
란腐爛되어 64세의 인생을 일기로 다롄 유치장에서 이 세상을 떠나고 말
았는데, 선생이 어느 날 어느 시에 운명했다는 것은 이 세상에 알려지지
않았다.

이증복, 「고종황제와 우당선생」, 『우당 이회영약전』

이러한 통탄할 상황을 전혀 알 길이 없었던 아들 규창은 매일같이 만
주에서 편지가 도착하기를 기다렸다. 그러나 편지는 오지 않았다. 마침
내 전보가 왔는데, 만주가 아니라 국내에서였다. 그것도 이회영이 보낸
것이 아니라 모친 이은숙이 규학에게 보낸 전보였다. 전보 내용은 간단
했다.

11월 17일 부친이 다롄 수상경찰서木上警察署에서 사망.

청천벽력 같은 일이었다. 규창은 곧 백정기에게 이 전보를 보였다.
깜짝 놀란 백정기는 일단 국내 모친께 서신을 보내 자세한 내막을 알리
라고 말했다. 보다 자세한 내막을 이은숙 여사의 수기를 통해 살펴보자.

……하루는 상하이에서 가군의 편지가 왔는데 별 말씀 없으시고 다만 몇

자뿐으로, 지금 새로운 곳으로 가니 안정이 되면 편지한다 하시고는, "지금 떠나니 답장 말라"고 하셨다. 어찌 된 일인지 놀랍고도 궁금하여 우관(이정규) 선생께 가서 편지를 보이고는 어떻게 된 영문이냐고 물었더니, 그분 역시 생각하시면서, "아마 만주는 못 오실 것이고, 난징으로 가시는 모양이오" 하며 궁금해 하신다. …… 이 편지는 10월(음력) 상순에 왔는데 회답도 할 수 없고, 마음이 산란하기가 한량없어 그날부터 침식이 불안하였다. 현숙을 데리고 통동通洞서 경경불매 耿耿不寐(마음에 걱정이 있어 잠을 못 이룸)하고

이회영의 아들 규창

있는지가 7, 8일이 되는 10월 19일, 신경新京(지금의 장춘)의 여식(규숙)한테서 편지가 오기를, "오늘 영사관(일본)에서 저에게 조사를 하러 왔는데, 아마 아버지께서 저에게로 오시다가 다롄 수상경찰에 피착被捉된 것 같으니, 어머님께 조사가 오거든 다른 말씀 마시고 딸이 신경서 산다고만 하세요" 하는 내용이었다. 하도 놀랍고 마음이 초조해 즉시 편지를 가지고 가서 우관께 여식 편지를 뵈이니, 우관께서도 놀라며, "선생님께서 어쩌자고 만주로 오셨단 말인가?" 하시고는 걱정스러워 하더니, "어쩌면 그놈들이 우당장께서 상하이를 떠나셨다는 소문을 듣고 우리네 뒤를 떠보는지도 모르니 며칠 더 기다려 봅시다. 아무리 생각해봐도 북만은 왜놈들 기세가 가득 차서 오실 수가 없었을 것이니, 너무 걱정 말고 기다려

일본 관동군 사령부가 있던 중국 다롄

봅시다" 하거늘, 우관 말씀을 듣고 일분 안심이 되나 어찌 마음 놓을 수가 있으리요.…… 밖에서 "현숙아!" 부르시는 음성이 시외숙모시라. 급히 나가보니 시외숙모께서 전보를 주시면서, "신경에서 통동으로 전보가 왔다고 가져왔기에 내가 왔다" 하시며 전보를 주고 가셨다. 어떤 전보인가 하고 의당 선생을 주었더니, 선생이 보시고, "이게 웬일인가? 내가 전보를 잘못 보았나. 이 전보에는 선생님께서 오늘 다섯 시에 돌아가셨다고 했는데, 내가 일어를 잘 모르니 어디 우편국에 가서 자세히 알아보고 오겠다" 하시고 황망히 나가셨다. 좀 있다가 들어오시면서 말을 못 하시고는 낙루하시며 "정말 돌아가신 전보다" 하니, 슬프도다. 6, 7년을 고심열성苦心熱誠으로 수만 리 이역에서 상봉할 날만 고대하였더니, 이런 흉보를 받게 될 줄이야. 하늘이 무너지는 듯 호천망조呼天罔措하며 붕성지통崩城之痛(남편의 죽음을 슬퍼하여 우는 아내의 마음)을 당한 이내 박명, 무슨 낯을 들고 다니리오.

이은숙, 『민족운동가 아내의 수기 - 서간도 시종기』

당시 국내에서는 이 사건에 대해 의견이 분분했다. 『만주일보』에 '거동이 수상한 노인이 사망했다'는 보도가 실렸는데, 국내에서는 그 노인이 이회영이라는 설로 변하면서 의혹이 증폭되었던 것이다. 그래서 다롄 관동청關東廳 경무국은 18일자 『만주일보』에 그 노인이 목매 죽은 듯이 게재했으나 그 기사의 내용은 오보이며, 피의자 자살 운운은 전연 사실이 아닌 것이며 이환광이라고 한 것도 실상 그 이름이 아닐 뿐더러 이회영이라는 사람도 아니라고 국내 기자에게 전화로 밝혔다. 당시 『동아

BO, (Oriental Daily News) SEOUL　昭和七年十一月二十四日（木）

東亞日報

日刊

社說

森林組合廢止

短時日內解決難으로
問題를總會에移牒
十九個委員會開催說
日本은總會移牒에 反對
强行하면代表部撤退

總會移牒과 並行
九個國會議案
米國外에露國外지불허허
又日的大會議企圖

第二回日本人
救出成功

大連警察署에取調中
李會榮氏永眠
◇享年은六十六歲

死刑囚
◇廿

本夫殺害事件

이회영의 사망 사실을 보도한 『동아일보』 기사

일보』와 『조선일보』 등 국내 신문들은 이 사건에 주목해 연일 크게 보도했다.

우당 이회영 노인의 서거설에 대하여 여러 가지로 풍설이 구구하던 터인데 23일 아침 신경에 있는 그의 따님 규숙 씨로부터 서울에 있는 그의 자당과 오빠 되는 규룡 씨에게 확실한 부음을 전해왔다 한다. 그 기별의 내용에 의지하면 우당 노인은 지난 5일 상하이로부터 다롄에…… 상륙하려는 즈음에 수상경찰서원에게 체포를 당해 주소 성명 등을 심문하매 씨는 낙양 땅에 사는 양모라 자칭하였으나 여러 가지로 경찰의 의혹을 받아 마침내 다롄경찰서에 유치되었다. 그리하여 누차 경찰의 취조를 당하면서도 노장한 기개로 한마디 진술과 답변이 없었으며 사상적으로 불굴 침착한 점에는 취조하는 계원들도 놀랐는데 아무리 취조해도 도리가 없으므로 동서同署 후쿠다 고등계 주임은 심문의 방침을 고쳐 본적지로 신분을 조사케 하는 일방 그의 행선지와 목적지 등까지 일일이 조사할 수 있는 데까지 조회하려 하였으나 일체를 함구불언하므로 취조도 일시 중단하고 말 형편이었다 한다. 그런데 지난 17일 아침 다섯 시경에 이르러 그가 감금되었던 제2감방 속에서 3척여의 노끈으로 자일自縊? 하였다는 바 이 급보를 들은 중국 검찰관은 향취香臭의사를 대동하고 동일 아침 9시 반경에 실지 검진을 마치고 시역소市役所로 넘기어 가매장假埋葬한 후 신경에 있는 그의 따님 규숙 씨에게 이 사실을 통지하였던 바, 이 비보를 들은 규숙 씨는 19일 다롄에 이르러 그 유해를 다시 화장하여 유골을 신경으로 가져왔다 하며 씨의 유족으로는 서울에 있는 이규룡 씨만 23일

안중근과 신채호가 수감되었다가 순국한 여순감옥

밤 11시 경성역발 열차로 신경에 향할 터이라 한다.

이 신문보도에서 '자일自鎰?'이라 의문부호를 쓴 것은 이회영이 고문
치사 당하지 않았느냐는 의문을 제기한 것이다. 당시 독립운동을 관할
하는 고등계의 고문은 혹독하기로 악명 높았다. 신문보도들은 이회영이
다롄에 도착한 날짜를 5일로 기록하고 있고, 그가 사망한 날짜를 17일
로 적고 있다. 65세의 노인, 이회영은 무려 12일간 혹독한 심문을 받았
던 것이다.

하지만 이회영은 심문받는 동안 한마디도 발설하지 않았다. 혹독한

고문에도 끝내 함구하자 본적지 조회를 하려 했으나 그 자체도 이회영은 거부했던 것이다. 죽음을 각오한 항거였고, 젊은 동지들을 지키기 위한 칠순 노인의 의로운 투쟁이었다. 이회영이 고문사했다는 것은 그의 시신을 목격한 딸 규숙의 증언에서도 드러난다.

여식 규숙이가 다롄에 도착하여 바로 수상경찰서를 찾아가 저의 부친 함자를 대니, 형사들이 영접은 하나 꼼짝을 못 하게 지키고는, 여러 신문지국장들이 여식을 면회하자고 청하나, 형사들이 허락을 안 해주니 어찌하리오. 당시 여식 연령이 22세로 저의 부친께서 고문을 못 이겨 최후를 마치셨다는 의심을 가지고……형사가 시키는 대로 시체실에 가서 저의 부친 신체를 뵈었다. 옷을 입으신 채로 이불에 싸서 관에 모셨으나 눈은 차마 감지를 못 하시고 뜨신 걸 뵙고 너무나 슬픔이 벅차 기가 막힌데, 형사들은 재촉을 하고 저 혼자는 도리가 없는지라. 하는 수 없이 시키는 대로 화장장에 가서 화장을 하고 유해를 모시고 신경으로 왔으니, 슬프도다.

이은숙, 『민족운동가 아내의 수기-서간도 시종기』

역시 규숙의 현장 증언을 들은 이규창은 자서전에 이렇게 썼다.

규숙 누님이 급히 다롄경찰서로 가 그놈들에게 사정을 문의하니 폐일언하고 자결하였으니 화장하여 유해를 가져가라고 위협 공갈까지 하며 강제로 시체를 대강 누님에게 보이고 중국 의복 타파오大袍, 모자, 신발만을 갖게 하고 안면을 확인시키고 화장하여 버렸다. 안면을 확인할 때 선혈이 낭자하였고 타파오에도 선혈이 많이 묻어 있었다고 한다.

이규창, 『운명의 여진』

'안면에 선혈이 낭자하고 타파오에 피가 많이 묻어 있었다'는 목격자의 이 증언들은 이회영이 일제 고등계 형사들에 의해 고문사했음을 말해주고 있다. 훗날 밝혀진 사실이지만 이회영의 죽음에는 커다란 비밀이 담겨 있었다. 그의 체포와 죽음에 밀정이 관련되어 있었던 것이다. 젊은이도 아니고 칠순 노인을, 그것도 수많은 중국인 4등 선객 중에서 그를 정확히 집어내 심문했다는 것은 다롄 수상서의 고등계에서 그가 온다는 사실을 미리 알고 있었다는 뜻이었다.

이회영의 유해는 1932년 11월 28일 아침, 장자 규룡이 모시고 선영이 있는 경기도 개풍군(파주) 경의선 장단역에 도착했다. 서울에서는 이은숙 모녀 등 가족과 이득년·유진태를 비롯한 평생 동지들, 그리고 변영태·장덕수·여운형 등 독립운동가들과『동아일보』편집국장 김철중, 조선일보 서승효 등은 사진기자를 대동하고 내려왔으며, 박돈서·홍증식·신석우는 평양까지 마중가서 유해를 모시고 돌아왔다. 중국에서부터 함께 지내 온 이정규는 노선생이자 노동지의 유해를 눈물로 맞이했다.

한편, 부친의 사망 소식을 듣고 절망에 빠졌던 규창은 아버지가 일제 밀정의 밀고로 희생되었다는 소문을 접했다. 이규창과 남화연맹 동지들은 처음에 이 소문을 듣고 반신반의했으나, 내용이 구체적이고 또한 엄청난 일이었다. 은밀히 여러 사람을 조사한 결과, 당초 이회영이 상하이

다롄 수상경찰서(위), 고 이회영 선생의 유해가 개풍군에 안장되었다는 『동아일보』 기사

를 떠날 때 만난 인물 중 이규서와 연충렬을 떠올렸다.

정화암과 백정기, 엄형순은 규창에게 두 사람을 유인하라고 말했다. 이규창은 다시 청년단체를 조직하고 유력 인사를 모시자는 제안으로 두 사람을 상하이 남상南翔 근교 입달학원 앞으로 유인했다. 김구를 만날 수 있으리라는 기대를 갖고 순순히 따라온 그들은 남화연맹 동지들의 엄중한 취조를 받아야 했다. 정화암·백정기·엄형순 등은 입수한 물증을 들이대며 추궁했고, 이에 두 사람은 울면서 밀정 행위를 시인했다. 동지들은 그들을 입달학원과 정거장 사이의 벌판에서 처단했다.

혈육 간의 상잔을 겪은 이규창은 형님 규학에게 이 사실을 고하니 탄식만 하였다. 다물의 정신으로 친일파 처단에 앞장섰던 자신이 사촌 형제를 처단하게 되는 비극에 절망한 것이다.

이회영 고문사의 배후에는 또 다른 인물이 있었다. 당시 상하이의 '조선인거류민회' 회장을 맡은 이용노였다. 그 또한 한 발은 홍사단에 걸치고 다른 한 발은 일제에 걸쳐 놓은 인물이었다. 상하이의 독립운동가들이 이용노가 밀정이란 확신을 갖게 된 계기는 그가 절대적 친일분자만 참여할 수 있는 거류민회 회장을 맡으면서다.

이 단체는 한인들의 자치기관 같은 이름과는 달리 실제로는 상하이 거주 교포들, 특히 항일운동가들에 대한 정보를 일본 영사관에 제공하는 일제의 어용기관이었다. 따라서 이용노가 갑자기 조선인거류민회 회장이 되자 그가 밀정이라는 의심이 확신으로 변했다. 회장이 된 그는 교민들을 괴롭혀온 깡패들을 모아 조직을 만들었다. 그런 다음 그들을 교민 사회에 잠입시켜 독립운동 단체를 교란시키는 동시에 교민들을 이

이회영의 묘소(국립현충원 소재)

간, 모략하여 단합을 파괴하는 행위를 하고 있었다.

생활이 궁핍하고 순진한 청년들이었던 연충렬과 이태공 역시 이용노를 통해 번번히 일본 형사와 접촉하고 금전도 지원받았던 것이다. 이런 사실을 알게 된 정화암은 남화연맹의 동지들을 모아 1935년 3월 18일 그를 살해할 구체적인 계획을 협의했다. 이용노 제거를 자청하고 나선 인물은 엄형순이었다.

엄형순의 비장한 각오를 들은 이규창은 그 일을 돕겠다고 나섰다. 그에게는 부친의 복수를 한다는 의미였다. 엄형순이 만류했으나 듣지 않았다. 결국 엄형순이 실행을 담당하고 이규창이 주위 경계를 맡기로 했다. 1935년 3월 25일 새벽 두 사람은 이용노의 집으로 찾아가 심부름을 왔다고 속인 후 그를 권총으로 살해했다.

그러나 두 사람은 칼로 저항하는 이용노의 부인이 고함을 지르고 경찰을 부르는 바람에 현장에서 체포되고 말았다. 엄형순과 이규창은 연락선에 실려 국내로 압송되었다. 이들은 곧 혹독한 고문을 받아야 했으며, 당시 국내에 있던 이을규도 끌려와 관련 혐의를 추궁당하며 30여 차례 가혹한 고문을 당했다. 이을규뿐만 아니라 최학주崔學主 등 10여 명도 끌려와 고문을 당했다.

1936년 2월 18일 두 사람에 대한 선고 공판이 열렸다. 개정 30분 만에 엄형순에게는 사형이, 이규창에게는 나이가 어리다는 이유로 징역 13년의 형량이 선고되었다. 그해 4월 엄형순은 사형당했고, 이규창은 1945년 8월 15일, 11년 반의 긴 감옥생활 끝에 해방의 기쁨을 맞을 수 있었다.

2000년에 중국 정부에서 발행한 혁명열사증명서(위)와 1962년에 추서된 이회영 건국공로훈장증

16 우당 이회영이 남긴 꿈

이회영은 조선 최고의 명문가로 일컬어지는 삼한갑족의 한 사람으로 태어나 1932년 11월 중국 다롄에서 고문사할 때까지 일생을 독립운동에 몸바쳤다. 그는 망국의 한을 품고 전국 규모의 비밀결사인 신민회를 결성한 이후 헤이그 밀사 파견과 고종황제의 중국 망명 등을 계획해 실행한 바 있으며, 6형제 일가 모두 서간도로 망명해 신흥무관학교를 세우는 데 공헌했다.

유학자였던 이회영은 베이징에서 아나키즘 사상을 수용한 이후, 아나키스트로서 또 다른 삶을 살았다. 그는 정부라는 행정조직과는 근본적으로 다른, 자유연합적 독립운동 지도부를 주장하며 임시정부 구성에 반대했다. 또한 코민테른의 지시에 의해 움직이는 공산주의 세력을 비판하며 민중에 의한 직접혁명과 무장독립투쟁 노선을 추구했다. 그의 반임정, 반공산주의 인식은 의열단과 다물단의 지도와 재중국무정부주의연맹 활동에서 잘 드러난다.

또한 민중적 자유연합과 민족 간 연합주의를 통해 국제주의, 사해동포주의를 실현하려는 그의 인식은 동방무정부주의자연맹과 남화한인청년연맹을 지도하는 과정에서 잘 나타났다. 나아가 상하이노동대학과 천주 민단편련처 운동을 후원한 점에서도 무정부공산사회를 꿈꿨던 그의 사상을 발견할 수 있다.

무엇보다 이회영은 신흥무관학교 재건에 강한 애착을 갖고 이상촌 건설과 독립운동 기지 확보문제에 큰 관심을 기울였다. 1921년 베이징 영정하永定河 개발과 1923년 호남성 양도촌 건설 계획, 그리고 1925년 김창숙과의 내몽골 생활 근거지 조성 계획 등이 그것이다. 이는 아나키스트들이 추구하는 공동생산, 공동소유의 이상촌 건설을 통해 안정적인 항일 근거지를 확보할 수 있으리라는 신념과 기대 때문이었다. 독립기지 건설의 중요성을 누구보다 잘 알고 있었던 그는 평소의 신념과 아나키즘 사상에 따라 1932년 적지 한가운데인 만주행을 감행하다 장렬한 최후를 맞이했던 것이다.

명문대가의 특권층이며 전통 사대부인 이회영이 아나키스트로서의 삶을 살았다는 사실을 어떻게 이해해야 할까. '대역사범', '극단적 테러리스트'로 낙인찍은 제국주의자들은 물론, 민족주의자나 공산주의자들조차 과격하고 위험하다며 손가락질한 아나키즘을 삶과 꿈의 깃대로 택한 이유는 무엇이었을까.

그 해답을 찾기 위해 우리는 그가 누구보다 노비해방과 신분타파, 개인의 자유와 평등이 보장되는 자율자치의 신사회를 갈망했음을 주목해야 한다. 나아가 그는 어떤 지위나 계급, 민족이나 이념의 작은 차이에 얽매이지 않고 공익과 공동체를 위해 헌신했으며, 동아시아의 참다운 자유연대와 공존공영을 추구했다. 이회영의 삶과 꿈이 아름다운 것은 누구에게도 지배받지 않으면서 누구도 지배하지 않는, 참 자유인의 그것을 보여주었기 때문일 것이다.

우당기념관에 있는 이회영의 흉상

이회영의 유품들

인장

빗

인장

장신구

마작

이회영의 삶과 자취

1867년	4월 21일 서울 저동苧洞에서 우찬성右贊成과 행이조판서를 지낸 아버지 이유승과, 이조판서를 지낸 정순조의 딸 사이에서 넷째 아들로 태어났다.
1885년	어려서부터 한문을 수학하다가 이상설, 여준 등과 만나 교유하다. 함께 신흥사에서 합숙하면서 수학·역사·법학 등 신학문을 공부하다. 이 무렵 달성達成 서씨徐氏와 결혼하다.
1886년	독립협회가 펴낸 『독립신문』의 사설을 읽고 독립운동에 뜻을 두다.
1888년	이상설 집 서재에서 정치·경제·법률과 동서양의 역사를 연구하는 한편, 불평등한 봉건적 인습과 계급적 구속을 타파하는 데 솔선수범하다.
1901년	장차 나라를 위해 자금이 필요하다는 판단 아래 목재상을 경영하고 인삼밭을 사들여 재배하도록 하다. 영농하고 있었던 개성 부근의 풍덕 인삼밭에서 일본인이 계획적으로 노략질한 사건이 일어나자 11월 과감하게 법정 투쟁을 전개하다. 조정에서는 그를 탁지부度支部 주사에 임명했으나, 사양하다.
1904년	서울 상동교회 부설 상동청년학원을 세우는 데 앞장섰으며, 원감에 취임하다.
1905년	이상설과 이시영을 찾아가 민영환 등에게 을사보호조약 조

인을 저지할 것을 부탁하는 한편, 협객인 나인영羅寅永·기산도奇山度 등과 모의하여 오적五賊 암살을 꾀하나 실패하다. 나아가 외부대신 박제순 딸과 조카의 결혼도 파기하고 절교를 통보하도록 하다.

1906년 친상을 당하였으나, 1908년에야 고향에 돌아와 대상大祥을 치르다. 한편 이상설·여준·이동녕·장유순 등과 해외 독립운동 기지건설을 모의하고 이상설을 서간도 용정에 파견하여 그해 10월 서전의숙을 세우다.

1907년 1월 중순 부인이 별세하자 참석치 못하여, 장남 규룡 내외가 소상小祥까지 맡아 지키다. 한편 헤이그 만국평화회의에 파견할 밀사로 이상설을 추천하고 고종황제의 친서를 전달하는 등 막후역할을 하다. 동시에 4월 상동교회 지하실에서 신민회新民會 창립을 발기하다.

1908년 8월 비밀리에 블라디보스토크로 가 이상설을 만나 만주에서 독립군 양성계획 등을 협의하다. 10월 20일 상동교회에서 이은숙과 결혼하다. 그리고 전처소생인 규룡을 백씨인 이건영에게 출계시켜, 규학이 장자가 되다.

1909년 봄 신민회 간부 비밀회의에서 만주 독립기지 건설과 군관학교 설치건을 협의하다. 상동청년학원 졸업생들로 조직된 청년학우회 창립에 참여하다.

1910년 7월 보름께 국경을 넘어 이동녕·장유순·이관직과 서간도 일대의 시찰을 마치고 8월 하순 귀국. 12월 30일 6형제분의 1만여 석 재산과 60여 명의 가족을 솔권하여 압록강을 넘다. 이듬해 2월 초순 서간도 류허현 싼위안바오三源堡에 체재하다.

1911년	삼원포 추가가 대고산 아래에서 동지들과 경학사를 설립하고 내무를 담당하다. 7월(음력) 동삼성 총독을 만나 토지 매입을 요청했으나, 만나지 못해 11월 베이징으로 가 위안스카이遠世凱 총통과 회담. 그 비서 후밍천胡明臣과 함께 펑톈奉天 독군을 만나 본 뒤 통화현에서 100여 리 되는 하니허哈泥河에 석오石吾와 동행하여 독립군 양성의 기지를 매입하다.
1912년	음력 3월 하니허 신흥무관학교 교사 건립을 시작해 6월경 완공하고 중형인 이석영·이관직·윤기섭·이상룡 등과 그 발기인이 되다. 이석영을 교주로 하고 이상룡을 교장으로 하여 학교 경영을 하다.
1913년	봄에 독립운동 자금 관계로 밀입국하다. 3월 28일 규창 출생하다.
1915년	8월 20일 일경에 한때 피수되었다가 방면되다.
1917년	8월 30일 서울에서 5년 만에 가정생활을 재개하다.
1918년	11월 아들 규학의 신부례를 이용해 고종과 접촉, 베이징으로 망명 계획을 추진하여 측신 민영달에게서 5만 원의 자금을 입수하다. 그러나 음력 12월 고종이 의문의 서거로 뜻을 이루지 못하다.
1919년	3·1운동 직전 베이징으로 재망명 길에 오르다. 3월 상하이에서 이동녕, 조성환 등 동지들과 임시정부 수립문제를 논의하다가 이에 반대하고 5월 베이징에 돌아오다. 가족과 합류, 망명생활을 계속하다.
1920년	베이징 후고루원後鼓樓園에 머물며 신채호·김창숙·김규식 등과 교유하다.
1921년	4월 류자명을 처음 만나고 5월 조소앙을 찾아가 러시아에

서 본 혁명 상황과 실정을 자세히 듣다. 10월 정화암과 이
을규·정규 형제를 만나 교유하다. 정화암과 함께 베이징
근교 영정하永定河 하천 부지의 개발 계획을 상의하고 자금
모집에 나서다.

1922년   서직문 근처 이안정으로 이사하다. 그러나 몰려드는 손님
접대로 가세가 기울어 부인 이은숙을 국내 밀사로 연락차
입국시키다. 서울에서 8월 17일 규오(1년 만에 사망) 득남
한 후 겨울 베이징에 귀환하다. 만주 통의부 통합회의에 관
여하였으나, 상호대립에 실망하고 돌아오다. 신채호와 류
자명, 베이징대 루쉰 교수, 러시아 시인 에로센코, 대만인
판번량 등과 교유하며 사상 확립문제에 크게 고민하다.

1923년   의열단과 함께 다물단 조직에 정신과 요령을 지도하다. 9월
이정규에게서 후난성 한수이漢水현 양타오촌洋濤村 이상촌
건립 계획을 상의하며 사상문제를 토의하다. 이후 장차 자
유연합주의에 입각한 새 사회 건설을 주장하며 아나키스트
임을 자임하다. 11월경 정화암 등이 모아호동 강탈사건을
일으켜 이를 숨겨주다.

1924년   3월부터 이을규·정규 형제·백정기 등과 숙식하며 조직문
제를 논의하고 정화암과 의열단 참모 류자명과 만나 4월 20
일 재중국조선무정부주의자연맹을 조직하다. 이어 기관지
『정의공보』를 9호까지 발간하였으나, 자금난으로 부득이
휴간하다.

1925년   3월 김달하 암살 사건에 관여하였다가 위난을 겪다. 아들
규학이 상하이로 도피했고 딸 규숙이 베이징 공안국에 1년
간 잡혀 있었으며, 6개월 된 아들 규오와 두 손녀가 죽다.

7월 하순 부인 이 여사가 귀국하였는데, 이후 영별하게 되다. 그런 와중에 김창숙과 내몽골 포두지방의 황무지를 개척해 무관학교를 설립하는 계획을 세우다. 영정문 안 관음사호동觀音寺胡同으로 이사하다. 겨울경 다물단에서 박용만을 암살하자, 다시금 위난을 겪게 되다.

1926년 2월 2일 서울에서 막내아들 규동 출생하다. 톈진 프랑스 조계지인 대길리로 이사하다. 7월 상하이노동대학 건립과 천주 민단편련처 운동을 서신으로 보고받고 지도하다. 주비위원인 이을규가 아들 규창을 상하이로 불러 보냈으나 개교가 불투명해져 되돌아오다. 톈진 남개중학교에 무료 입학시키다.

1927년 5월 나석주 의거와 관련해 일제가 찾아오자 규창과 함께 제남–서주 등지로 무전여행을 떠나다. 10월경 톈진 빈민가인 진탕차오 소왕장小王莊으로 돌아와 김종진을 만나 사상담화를 나누다.

1928년 6월 상하이에서 동방무정부주의자연맹이 창설되자, 논문「한국의 독립운동과 무정부주의운동」을 보내 각국의 후원을 호소하여 결의안으로 채택되다. 이정규가 기관지『동방』을 발간하자 축하 묵란을 보내다.

1929년 8월 이을규·백정기·정화암 등과 재만 동지 김종진의 재만조선무정부주의자연맹 창립과 백야 김좌진의 한족총연합회 구성을 후원하다.

1930년 4월 신현상申鉉商이 거금을 갖고 베이징에 와 재중 아나키스트 베이징회의를 열어 만주운동을 후원하도록 하였으나, 중국 경찰의 체포로 돈을 모두 잃게 되다. 톈진 중일합작은행인 정실은호를 털어 자금을 마련해 9월 동지들을 만주로 보내다. 아들 규창과 함께 상하이로 가 남화한인청년연맹에서 활동하다.

1931년
11월 중국 왕야차오·화쥔스 등과 함께 항일구국연맹을 결성하고 산하에 흑색공포단을 두다. 이어 국민당 친일파 왕징웨이 암살과 텐진 및 하문 일본영사관 공격 등을 지휘하다.

1932년
중국 동지 우즈후이·리스청 등과 상의해 만주에서의 한·일 연합 독립운동 조직을 계획하다. 이어 동지들과 만주행을 협의하고 둘째형 이석영에게 작별인사를 고한 후 11월 초순 상하이 황포강을 출발하다. 일제 밀정의 첩보를 접한 일본 경비선이 그를 체포하여 다롄 수상서원水上署具에 연행하다. 11월 17일 66세를 일기로 고문 치사하여 순국하다.

1935년
(순국 3년) 3월 25일 아들 이규창이 친일파 이용노 거류민단장을 엄순봉嚴舜奉 의사와 함께 제거하고 체포되어 국내에 압송되다. 이듬해 경성지법과 동 복심원에서 무기 구형에 13년 선고를 받고 복역 중 해방으로 11년 반 만에 출옥하다.

1948년
(순국 26년) 8월 15일 성재 이시영, 초대 부통령에 취임하다.

1962년
(순국 30년) 3·1절에 정부로부터 건국 공로 훈장 단장을 부자가 함께 포상받다.

1973년
(순국 41년) 장남 규학, 81세로 타계하다.

1979년
(순국 47년) 12월 12일 미망인 이은숙 향년 91세로 타계하다.

회고록

- 이을규, 『시야 김종진 선생전』, 한흥인쇄소, 1963.
- 이정규, 『우관문존』, 삼화인쇄소, 1974.
- 이은숙, 『민족운동가 아내의 수기 – 서간도 시종기』, 정음사, 1975.
- 원병상, 「신흥무관학교」, 『독립운동사자료집 10』, 독립운동사편찬위원회, 1976.
- 이은숙, 『가슴에 품은 뜻 하늘에 사무쳐』, 인물연구소, 1981.
- 정화암, 『이 조국 어디로 갈 것인가』, 자유문고, 1982.
- 김산·님웨일즈 지음, 조우화 옮김, 『아리랑』, 동녘, 1984.
- 이정규·이관직, 『우당 이회영 약전』, 을유문화사, 1985.
- 이정식 면담·김학준 편집해설, 『혁명가들의 항일회상』, 민음사, 1988.
- 정황암, 『어느 아나키스트의 몸으로 쓴 근세사』, 자유문고, 1990.
- 이규창, 『운명의 여진』, 보련각, 1992.
- 허은, 『아직도 내 귓가에는 서간도 바람소리가』, 정우사, 1995.
- 김구(도진순 주해), 『백범일지』, 돌베개, 1997.
- 류자명, 『유자명 수기 – 어느 혁명자의 회억록』, 독립기념관 한국독립운동사연구소, 1999.

연구서

- 무정부주의운동사편찬위원회, 『한국아나키즘운동사』, 형설출판사, 1978.
- 송길섭·한국명, 『상동교회일백년사』, 기독교대한감리회 상동교회, 1988.
- 김영범, 『한국근대민족운동과 의열단』, 창작과비평사, 1997.

• 이덕일,『아나키스트 이회영과 젊은 그들』, 웅진닷컴, 2001.

• 조세현,『동아시아 아나키즘, 그 반역의 역사』, 책세상, 2001.

• 박환,『만주지역 항일독립운동 답사기』, 국학자료원, 2001.

• 서중석,『신흥무관학교와 망명자들』, 역사비평사, 2001.

•『나라사랑 104호–우당 이회영선생 특집호』, 2002.

• 김재승,『만주벌의 이름없는 전사들』, 혜안, 2002.

• 이호룡,『한국의 아나키즘』, 2002.

• 안천,『신흥무관학교』, 교육과학사, 2002.

• 류연산,『불멸의 지사 심여추 평전』, 연변인민출판사, 2002.

• 구승회 외,『한국아나키즘 100년』, 이학사, 2004.

• 한상도,『중국혁명 속의 한국독립운동』, 집문당, 2004.

• 梁昭全,『中國·朝鮮·韓國文化交流史』, 中國混侖出版社, 2004.

• 김삼웅,『단채 신채호 평전』, 시대의 창, 2005

• 국민문화연구소 출판부 편,『구파 백정기 의사』, 2005.

• 박환,『식민지시대 한인아나키즘운동사』, 선인, 2005.

• 阿里夫 德里克(Arif Dirlik) 著·孫宜學 譯,『中國革命中的無政府主義』,
  中國:廣西師範大學出版社, 2006.

• 김성국,『한국의 아나키스트』, 이학사, 2007.

논문

• 권오순,「민족계몽의 길잡이 이회영」,『한국전기전집, 한국의 인간상』6권,
  1966.

• 이명영,「국운과 인간운명에 관한 사례연구」,『사회과학』26, 1986.

• 박환,「이회영과 그의 민족운동」,『국사관논총』7, 1989.

• 한상복,「독립운동가 가문의 사회적 배경」,『한국독립운동사연구』3, 1989.

• 오장환,「이정규(1897~1984)의 무정부주의운동」,『사학연구』제49호, 한국
  사학회, 1995.

- 이은우, 「성제 이시영의 민족의식 연구」, 성신여대 박사학위논문, 1997.
- 박환 외, 『나라사랑-우당 이회영 선생 특집호』104호, 외솔회, 2002.
- 조세현, 「1920년대 전반기 재중국 한인 아나키즘운동」, 『중국에서의 한국독립운동』, 한국근현대학회·중국 중앙민족대학 민족이론정책연구소, 2002.
- 이호룡, 「일제강점기 재중국 한국인 아나키스트들의 민족해방운동」, 2002.
- 김태근, 「여준(1862~1932)의 민족운동 연구」, 아주대 석사학위논문, 2005.
- 김명섭, 「일제강점기 아나키즘과 의열투쟁」, 『나라사랑 독립정신』, 국가보훈처, 2005.
- 김명섭, 「우당 이회영의 아나키즘 인식과 민족운동」, 한국동양정치사상사학회 발표논문, 2007.
- 이민원, 「광무황제와 헤이그특사」, 『한국독립운동사연구』, 제29집, 2007.

찾아보기

자유를 위해 투쟁한 아나키스트 이회영

1판 1쇄 2008년 2월 20일
1판 3쇄 2021년 4월 30일

글쓴이   김명섭
기획   독립기념관 한국독립운동사연구소
펴낸이   한시준
펴낸곳   역사공간
          서울특별시 마포구 동교로 19길 52-7 PS빌딩
          전화 : 02-725-8806, 팩스 : 02-725-8801
등록   2003년 7월 22일 제6-510호
ISBN 978-89-90848-37-6 03900

*잘못된 책은 바꿔 드립니다.
가격 15,000원